日蓮の真実

混迷する現代の闇を開く鍵

小林正博

第三文明社

に生きていこうとする、なま身の人間にとっては、日蓮の教説より、ふるまいの奥にある心の琴線《きんせん》に触れることのほうが感動も大きいのです。

日蓮の生きた時代は、仏教界は混乱し、社会は行き詰まり、人々は不安のまっただなかにありました。当時このような閉塞《へいそく》状況を、人々は末法《まっぽう》と呼んでいます。この様相は現代にもそのまま通じています。日蓮はその中にあって人々をどうすれば根本的に救っていけるのかを自ら問い、自らの人生を通して自ら答えたといってよいでしょう。その答えも理論的説明で提示したというより、自らの生き方そのもので示したのです。

だから、日蓮は生きる上での希望と勇気を与えてくれる人生の師として今も多くの人の心の中に生き続けています。すぐれた思想家、哲学者というにとどまらず、むしろ宗教者として、実践者として、強烈な影響力を与えて人々を魅了《みりょう》してやまない人間存在、それが日蓮なのです。

日蓮の言動には強い信念にも似た生き方の姿勢が脈打っています。そこに肉薄《にくはく》しないかぎり、言葉で表現した著作・消息《しょうそく》も真意を離れた読み方になるでしょうし、五体で表現した行動もその真意からかけ離れたとらえ方になるでしょう。

おそらく「日蓮理解」という点では、一流の仏教学者や歴史学者よりも、日蓮を人生の師とも思う一庶民《しょみん》のほうが、はるかに「日蓮の心」をつかんでいると思います。それは「日蓮とはどんな人物だったのか」という歴史上の人物として比重を置く人と、「日蓮は、こういう時、どう行動するだろうか」という現実の視点に比重を置く人の違いに由来《ゆらい》しているのだと思います。

もちろん日蓮思想の位置づけを、より客観的に固めていく研究作業は必要です。しかし、今を生きる私たちにとっては「深い哲理を知る」こともさることながら、「生き方を学ぶ」ことのほうがはるかに大きな価値があるといえるでしょう。

こんな視点に立った日蓮像が表現できたらというのが、本書に込めた私のひそかな思いであります。

平成十五年一月

小林正博

日蓮の真実――混迷する現代の闇を開く鍵――　目次

第四章　その生涯に貫く「日蓮の心」

第五章 現代にいきる「日蓮の心」

付記：本書で引用した日蓮の文章には、二つの日蓮文書集の頁を掲載している。順番に『日蓮大聖人御書全集』と『昭和定本日蓮聖人遺文』の頁数を示している。前者は、最も普及している日蓮文書集であり、後者は学術的に定評のあるもので、幅広い読者層への便宜を考慮して併記した。なお引用文は『日蓮大聖人御書全集』の文章を用いた。

装幀／中野岳人

第一章

生活と人生にいきる日蓮の心

日蓮の生涯は、強烈なドラマそのものといっても過言ではありません。

日蓮を尊敬する人たちは、権威・権力に絶対に屈《くっ》しない強さに共鳴《きょうめい》し、自己の主張を貫《つらぬ》き通した信念に感動し、時の政治に対して諫暁《かんぎょう》を敢行した勇気に驚嘆《きょうたん》し、一人一人に対する厚い思いやりに感銘《かんめい》を受け、それらを通して「日蓮のような生き方」に習おうと思っています。

しかし、これとはまったく反対のイメージでとらえている人も少なくありません。自分の主張をどこまでも貫き通そうとする協調性のない態度、他の宗派を絶対に認めず自分が最高だと思っている不遜《ふそん》さ、宗教者でありながら時の政治にいろいろ口出しする世俗臭《せぞくくさ》さなどです。どうも日蓮の評価というのは、感服《かんぷく》するか、嫌悪《けんお》するかどちらかにはっきり分かれるようです。

あえてこの章では、従来の日蓮のイメージにとらわれずに、人間としての日蓮の根っ子にある生き方や考え方に迫っていきたいと思います。

「日蓮」の命名に込められた意味

日蓮という名は日蓮自身の命名《めいめい》です。建長《けんちょう》五年四月二十八日（一二五三年）の立宗《りっしゅう》宣言《せんげん》は、道善房《どうぜんぼう》という師によって命名された「蓮長《れんちょう》」から「日蓮」と改名して行っています。「日蓮」の命名はこの時宣言された南無妙法蓮華経と密接な関係があります。「日蓮となのる事自解仏乗《じげぶつじょう》とも云《い》いつべし」（『日蓮大聖人御書全集』九〇三頁・『昭和定本日蓮聖人遺文』一六六九頁、以下この二書の順番で頁数のみ記す）というように、成仏を決する仏乗の法すなわち南無妙法蓮華経を自らが解《さと》った意義を込めて「日蓮」と名乗ったというのです。

実はこの日蓮の二字に日蓮の生き方そのものが凝縮《ぎょうしゅく》されているのです。「日」「蓮」に込められた命名の意義は「明かなる事・日月にすぎんや浄《きよ》き事・蓮華にまさるべきや、法華経は日月と蓮華となり故《ゆえ》に妙法蓮華経と名《なづ》く、日蓮又日月と蓮華との如《ごと》くなり」（一一〇九頁・四八四頁）という一節によく表現されています。「日」の字は太陽を指しています。東の空に夜明けを告げる太陽の輝きは、それまでの暗闇《くらやみ》を破る勢いがあります。そして、その恩恵をあらゆる生きものに惜しみなく降り注いでいく無限の慈愛《じあい》があります。まさに末法《まっぽう》という時代に生きる人々の煩悩《ぼんのう》で覆《おお》われた深い闇を突き破る一条の光を思わせる文字といえましょう。

日蓮は自解仏乗の文のあとに法華経神力品《じんりきほん》の一節を引いています。すなわち「日月の光明の能《よ》く諸《もろもろ》の幽冥《ゆうみょう》を除くが如く斯《こ》の人世間に行じて能く衆生《しゅじょう》の闇を滅《めっ》す」（九〇三頁・一六七〇頁）と、「日」の意義について、人々の心の闇を晴らすために、現実の世間のただなかに身を置いて、人々を闇から救っていく末法の正師《しょうし》の出現に例えています。

ここでいう「日」に例えられた「斯の人」を日蓮が自分自身のことととらえたことは明らかです。続けて日蓮は言います。「此の文の心よくよく案じさせ給へ、斯人行《しにんぎょう》世間《せけん》の五の文字は上行菩薩《じょうぎょうぼさつ》・末法の始の五百年に出現して南無妙法蓮華経の五字の光明をさし《指》いだ《出》して無明《むみょう》煩悩の闇をてらすべしと云う事なり」（同頁）と、法華経神力品第二十一の儀式で久遠《くおん》の釈迦から南無妙法蓮華経の付嘱《ふぞく》を受けた上行菩薩を自分に当てはめたのです。

実に日蓮の出発点は南無妙法蓮華経こそが衆生救済の根源の一法と確信し、その付嘱を受けた末法におけるただ一人の正師として、衆生救済の実践を世間の中で展開していく決意が読み取れるのです。

「蓮」の字は南無妙法蓮華経の蓮華の「蓮」であることは容易に察することができます。法華経にはプンダリーカすなわち白蓮《びゃくれん》と、パドマすなわち紅蓮《ぐれん》の二つが説かれており、仮の仏（迹仏《しゃくぶつ》）であるインドの釈迦の化導《けどう》を受けた迹化《しゃっけ》の菩薩を紅蓮とし、久遠からの仏である釈尊（本仏）の化導による本化《ほんげ》の菩薩、すなわち地涌《じゆ》の菩薩を白蓮として区別しています。地涌の菩薩は釈迦入滅《にゅうめつ》後に妙法を流布《るふ》していく使命があり、それを自分自身の使命と自覚した日蓮は、白蓮（プンダリーカ）の「蓮」の文字を命名に採用したと思われます。

もう一つ「蓮」には不染《ふせん》の意味があります。すなわち「世間の法に染まらざること蓮華の水に在るが如し」（五一九頁・七六八頁）と。これは迹化の弥勒《みろく》菩薩が地涌の菩薩を賛嘆して述べた偈《げ》の一節ですが、ここでは蓮華をパドマ（紅蓮）と表現しています。

これは弥勒の認識の範囲でとらえた蓮華釈であることを考慮する必要がありますが、美しい大きな華が濁《にご》った池であっても見事に咲くことから、濁った世間から出てきながら、けっして世間の法に染まることのない清浄さを語っているのです。

日蓮はこの特質について「ふくろ《袋》はくさ《臭》けれども・つつめる金《こがね》はきよし・池はきたなけれどもはちす《蓮》しやう《清》じやう《浄》なり、日蓮は日本第一のえせ《僻》ものなり、法華経は一切経にすぐれ給へる経なり、心あらん人・金《こがね》をとらんと・おぼさば・ふくろをすつる事なかれ、蓮《はちす》をあひ《愛》せば池をにくむ事なかれ」（一四七六頁・一九〇二頁）というように、身は不浄《ふじょう》であってもにくまず、池は汚染《おせん》していても捨ててはならないと言っています。

心の金《こがね》は身の中に輝きわたる。清浄な蓮華は汚《けが》れた池の中から現れ出でる。目で見える現実――俗世間を離れて仏法を行じることはありえないことを示しているのです。つまり、俗世間のまっただなかで、俗世間の中でもまれながら、俗世間の濁りや汚れをむしろばねにして、自らの清浄な心を光輝かせていく人生の勝利の姿を「蓮」に象徴したといえます。

このように日蓮は地涌の菩薩として妙法を広める使命と、世間の中で戦い抜き妙法の偉大さを証明する思いを「蓮」の字に託《たく》したのです。

以上のように「日」「蓮」の二字は、世間を実践の舞台とし、世間の濁水《だくすい》を払い、人々の煩悩を打ち払うために、暗を明に、染を浄に転じる菩薩の使命と気概を込めた命名であるといえるでしょう。

心の財第一

多くの門下たちが人生の師として日蓮を選んだことはとても勇気のいることだったと思います。と同時に自分のせまい心を広げたという点ですばらしいことでもあったのです。普通ならりっぱな寺院に住み、それなりの地位もあり、博学《はくがく》で、幕府の有力者や自分の主人たちが帰依《きえ》している僧を師とするところです。

そういう僧に比べて日蓮は、寺も持たない、有力者のバックもない。財産も、地位もない。それればかりかよくない噂《うわさ》も飛んでいる。「日蓮今生《こんじょう》には貧窮下賤《びんぐげせん》の者と生れ旃陀羅《せんだら》が家より出《いで》たり」（九五八頁・六一四頁）と自らが言うような日蓮に近寄るものはまれだったのです。それでも日蓮をわが師として選んだからすごいのです。

それは仏法上の師を選ぶ基準を、通常の世間的な考えによらず、人物そのものに触れて門下になったことをうかがわせています。

人間の価値というものはけっして見かけや身につけた名誉や肩書き、財産などで決まるものではありません。ところがこれらを尊敬か蔑視《べっし》かの有力な判断材料にするのが人の世の常《つね》というものです。しかも、これらの有無が人間の幸・不幸を決めているかのように思われがちです。たしかに財力があれば物質的欲望は満たされ、金にものを言わせて人を従えることもできます。

しかし、従っている理由は財《ざい》を持つ人に魅力《みりょく》があるというより、財に魅《み》せられて近づいてくるのです。だから財があるうちはいいのですが、金の切れ目が縁の切れ目で、そうなると人は潮が引くように離れてしまうでしょう。

名誉、名声、肩書きなどは身についた財といえます。これらは身を飾り人々の尊敬の対象ともなります。このような一定の社会的評価や地位は、精神的な欲望を満たすものの、失うことを恐れ、守りの人生に陥《おちい》りやすいものです。

「蔵《くら》の財《たから》よりも身の財すぐれたり身の財より心の財第一なり」（一一七三頁・一三九五頁）と日蓮は言います。蔵の財や身の財を必死に求めるあまり、かえってそれらに振り回され、自分を見失ってしまっては本末転倒《ほんまつてんとう》です。外側はいくら華《はな》やかであっても内側の心が貧しい人生は空《むな》しいものです。むしろ蔵の財も身の財も自在に生かせる心の財を積むことが最も大切だと教示しているのです。豊かな心の財を積むことで、人生そのものを豊かにすることができるのです。

蔵の財はもとよりなく、身は佐渡の流人《るにん》という逆境《ぎゃっきょう》のただなかにあった日蓮は次のように言い切っています。すなわち「当世・日本国に第一に富《と》める者は日蓮なるべし」（一二二三頁・五八九頁）と。

日蓮にとっての最高の財は、南無妙法蓮華経に他なりません。心に最高の妙法を所持していることが最高の財産だというのです。妙法は蔵の財や身の財のようにいつかは消えてなくなる無常《むじょう》の財ではなく、大切な生命をあたかも無尽《むじん》の財宝で飾り輝かせてくれる常住《じょうじゅう》の財なのです。

その妙法を根本とする人生を歩《あゆ》んでいるからこそ「日本国に第一に富める者」と本気で、しかも誇りを持って言い切れる人だったのです。

このような明快で迫力ある発言は日蓮文書の随所に見られるところです。

日蓮を人生の師と決めた多くの門下が陸続《りくぞく》と集《つど》った理由も、こういう日蓮の心の大きさにあったような気がするのです。

逆境こそ成長の因

佐渡の流人としての生活は想像以上に厳しいものでした。

日蓮が佐渡に着いたのは文永《ぶんえい》八年（一二七一年）十月二十八日、そして十一月一日に、佐渡・塚原《つかはら》という山野《さんや》の中にあった死人の捨て場所にたつ粗末なお堂に留置《りゅうち》されています。旧暦の文永八年の十一月一日は現代の暦《こよみ》では十二月十一日ですから佐渡は極寒《ごっかん》の冬に入っていました。日蓮が佐渡の生活について回想する書簡は数多く残っています。それらによって流人・日蓮の佐渡での様子をうかがうことができます。

留置された場所は「塚原と申す山野の中に洛陽《らくよう》の蓮台野《れんだいの》のやうに死人を捨つる所」（九一六頁・九七一頁）で、そのお堂は「そら《空》はいたま《板間》あわず四壁《しへき》はやぶれたり・雨はそと《外》の如し雪は内に積もる、仏はおはせず筵畳《むしろだたみ》は一枚もなし」（一四一三頁・一五六三頁）というように、吹きさらしのあばら屋にほとんど野捨てに近い状態で放置されたことがわかります。

同様の表現ですが、「一間四面《いっけんしめん》なる堂の仏もなし、上はいたま《板間》あはず四壁はあばらに雪ふり《降》つも《積》りて消ゆる事なし」（九一六頁・九七一頁）という文章も残しています。寒さをしのぐための着衣や食事はどうしていたのでしょうか。「法華経を手ににぎり蓑《みの》をき笠をさして居たりしかども、人もみへず食もあたへずして四箇年なり」（一四一三頁・一五六三頁）、また「雪にははだへ《肌》をまじえ・くさ《草》をつみ《摘》て命をささえ《支》たりき」（一三二五頁・一〇六三頁）と回想しています。

まさに寒さと飢《う》えとの戦いの日々であったことがひしひしと伝わってきます。この想像を絶する劣悪な環境を仏法的に「現身《げんしん》に餓鬼道《がきどう》を経《へ》・寒地獄《かんじごく》に堕《お》ちぬ」（一〇五二頁・九五三頁）と表現しているように、普通の人だったら耐えきれず、肉体的にも精神的にもぼろぼろになり、絶望の淵《ふち》をさまよっているところです。

なぜ自分はこんなに苦しまなくてはならないのか――肉体的な苦痛、精神的な苦悩、人はこれを「逆境」といいます。逆境にある時、人はその原因を外に向けるか、内に求めるか、どちらかに分かれていきます。日蓮の流人生活の始まりはだれが見ても「逆境」そのものでした。しかし、日蓮の「逆境」のとらえ方は普通の人とはまったく違うものだったのです。その「逆境」をばねに境涯を広げる、まさに「逆境」こそ成長の因ととらえていたのです。

もし日蓮が「逆境」の原因を鎌倉幕府のせいだととらえていたら、門下の一部にあった赦免《しゃめん》運動を指揮して裁判のやり直しに奔走《ほんそう》したはずです。しかし、日蓮はそのような門下の赦免運動に対して「不孝の弟子」と強く諫《いさ》め、やめるように指示しています。日蓮は「逆境」の原因を幕府の理不尽《りふじん》な処断《しょだん》という外側に求めず、明らかに内に求めたのです。それは「内省」への深い思索の始まりでした。

その内省は「宿業論《しゅくごうろん》」と「不軽菩薩《ふきょうぼさつ》」への着目だったのです。日蓮は逆境の原因を「宿業」にあるととらえたのです。宿業は当時の人々の間では常識の範囲でした。武士やその妻たちが余生《よせい》を仏門に身を投じ、入道したり尼になるのは、過去世から現世に積んできた罪業《ざいごう》を消し、来世を期するためでもあったからです。

日蓮が業《ごう》について自分の身に引き当てて説いたのは、同じ法難の嵐に動揺する門下が信仰の次元で乗り越える大切さを知ってほしいからでもあったのです。「開目抄《かいもくしょう》」では「我日本の柱とならむ我日本の眼目《がんもく》とならむ我日本の大船とならむ等とちかいし願やぶるべからず」（二三二頁・六〇一頁）と、末法の正師である宣言ともいうべき有名な文のすぐあとに、「疑つて云くいかにとして汝が流罪《るざい》・死罪等を過去の宿習《しゅくじゅう》としらむ」（二三二頁・六〇二頁）という問いを設定していることからも、逆境を信心の問題ととらえていることがよくわかります。

そこで日蓮の内省の道程をたどってみましょう。

日蓮は、設定した問に答えて「般泥洹経《はつないおんきょう》」（小乗涅槃経《ねはんぎょう》）に説かれる過去の宿業による八つの報《むく》いを記す一節を引用しています。

「『善男子《ぜんなんし》過去に曾《かつ》て無量の諸罪種種の悪業《あくごう》を作るに是の諸の罪報《ざいほう》は或は軽易《きょうい》せられ・或は形状《ぎょうじょう》醜陋《しゅうる》・衣服《えぶく》足らず・飲食《おんじき》麤疎《そそ》・財を求むるに利あらず・貧賤《ひんせん》の家邪見《じゃけん》の家に生れ・或は王難《おうなん》に遭《あ》い・及び余の種種の人間の苦報《くほう》あらん現世に軽く受るは斯《こ》れ護法《ごほう》の功徳力《くどくりき》に由《よ》るが故なり』云云、此の経文・日蓮が身に宛《あたか》も符契《ふけい》のごとし」(同頁)と。

日蓮自らが言うように佐渡の流人としての境遇にぴたりと符合《ふごう》する一節だったのです。しかし、「現世に軽く受るは斯れ護法の功徳力に由るが故なり」とあるように法華経を護持《ごじ》してきた功徳の力によって現世の業報《ごうほう》を軽く受けることができ、命をつないでいるというのです。つまり佐渡の流人生活はむしろ功徳の結果だというのです。この経文は「佐渡御書」でもくりかえし用いています。

日蓮は、自身の業報を「法華経の行者を過去に軽易せし故」(九六〇頁・六一七頁)だとしています。そして、日蓮は宿業の現れ方について、「是は常の因果の定《さだま》れる法なり、日蓮は此因果にはあらず」(同頁)と、通常の因果と日蓮の因果の違いを述べています。

「此八種（「般泥洹経」の八つの報い）は尽未来際《じんみらいさい》が間一づつこそ現ずべかりしを日蓮つよく法華経の敵を責るによて一時に聚《あつま》り起せるなり」（同頁）
――通常なら一度の生死で一つの業が現れるところを、強く法華経の敵を責めてきたため八つの業全部が一度に押し寄せてきたのである――
つまり日蓮の因果は、たんなる世間的な失《とが》の報いとしての苦しみの境遇なのではなく、生命に宿る過去の業が、死身弘法《ししんぐほう》の戦いを通して一気にあふれでてきたものととらえたのです。そして「先業の重き今生につきずして未来に地獄の苦を受くべきが今生にかかる重苦に値《あ》い候へば地獄の苦みぱつときへ」（一〇〇〇頁・五〇七頁）というように、日蓮の因果は宿命転換《しゅくめいてんかん》を一気にこの現世に実現することができることを明示しています。日蓮の仏法は宿命転換の仏法といわれる理由がここにあるのです。
だから「当世の王臣《おうしん》なくば日蓮が過去謗法《ほうぼう》の重罪消し難《がた》し」（九六〇頁・六一七頁）と、自分を流人の逆境に追い込んだ幕府の張本人たちを責めるどころか、彼らがいなかったら自分の宿業を消すことはできなかったとまで言い切ったのです。怨《うら》み一つ言わないだけでもすごいと思いますが、迫害する者に感謝に似た思いを抱く日蓮の心の大きさにはただただ驚嘆するばかりです。

仏法の次元からいえば、むしろ逆境は自分が成長するチャンスだという日蓮の人生観がよく現れている一節だといえるでしょう。

この宿命転換の原理と密接な関係があるのは不軽菩薩です。

日蓮は「開目抄」で「不軽菩薩は過去に法華経を謗《ぼう》じ給う罪・身に有るゆへに瓦石《がしゃく》をかほるとみへたり」（二三二頁・六〇〇頁）と自分を不軽菩薩に重ね合わせています。

「不軽菩薩は今の教主釈尊なり」（一二一五頁・六四四頁）、つまり釈迦仏は過去世において法華経誹謗《ひぼう》の罪を犯した不軽菩薩であり、その宿業を滅して今は教主釈尊となっている、という図式は、日蓮自身が過去世において法華経誹謗の罪を犯し、その宿業を竜《たつ》の口《くち》の法難・佐渡流罪によってすべて滅しようとしているという仏の次元での同列化を示唆《しさ》しているといっていいでしょう。

不軽の菩薩としてのふるまいは、一人一人の内にある仏性《ぶっしょう》を最高に称揚《しょうよう》し、これに向かって礼拝《らいはい》するものでした。「我汝等《なんだち》を敬《うやま》う」以下から始まる二十四文字の法華経を説いて、衆生教化の道をひたすら進んだのです。その道程に法難の嵐が巻き起こったのです。しかし、その法難が契機《けいき》となって不軽菩薩は宿業を転換します。これを「其罪畢已《ございひっち》」（其の罪畢《お》え已《おわ》って）といいます。不軽菩薩が敬ってやまない衆生に内在する仏の境涯は、人間の持っている可能性を最大限に発揮していける人生を実現する因となるものです。

日蓮は逆境を契機に宿業論を導入部に引用しながら、不軽菩薩を範《はん》として、内を見る、内を鍛える、内なる仏性を顕現《けんげん》する徹底した内省の考えを表明したのです。

実に、佐渡期を契機に本格的に開始される観心《かんじん》の本尊の図顕《ずけん》は、その具体化でもあったといえるでしょう。

方法論にたよるな

人は逆境にある時、その打開のために精力的に動き、事態を好転させようと努力をします。そのような姿勢は、りっぱであって、むしろ逆境にふさぎ込んで自分を見失っていくよりよほど力強い生き方だといえるでしょう。しかし、マイナスをゼロにもどすためにあらゆる策を講じて解決したとしても、それはけっして人間としての勝利の姿とはいえません。ことに宗教的な次元で起きる法難は、世間的な方法論で解決しても、その根を断ち切ることはできず、根本的な解決にはならないからです。

日蓮が佐渡に流罪されて、残された門下たちが起こした運動は、幕府に対する理不尽な処断に対する赦免の嘆願《たんがん》でした。門下の思いとしては、師の流罪が減刑《げんけい》されたり、赦免されることを望むのは痛いほど理解できます。師にふたたびもどってきてほしい、師とともに信仰の道を歩んでいきたいと思うのは弟子として当然の気持ちであり、自分たちの師恩報謝《しおんほうしゃ》への思いを具体的に行動に起こす嘆願運動は、普通ならほめられることはあっても非難されるものではありません。

しかし、日蓮はこの動きを厳しく叱責《しっせき》しているのです。ここには師と門下の心の微妙な食い違いを読み取ることができます。

日蓮の心は常に「信心の次元」でものごとをとらえようとします。ところが門下の心は「世法《せほう》の次元」で解決方法を探ろうとします。とくにこの場合、赦免を目的の第一にするために、信心の是非《ぜひ》は棚上げにして、師・日蓮の行為が流罪相当であるかどうかをもう一度幕府法に則《のっと》って再考を求めようと走ったのです。しかし、幕府首脳が深く関わり、鎌倉宗教界の権威たちも後押しし、さらには執権《しっけん》の母からの圧力も加わって執行された竜の口の法難と佐渡流罪の不当さを、門下がどんなに訴えようとも要求が入れられることはまずありえないことでした。

もとより日蓮自身が「世間の失一分《とがいちぶん》もなし」（九五八頁・六一四頁）と断言しているように、いかに不当な判決であったかは門下よりも日蓮自身が一番強く感じていたはずです。しかし、日蓮は自分の赦免のために「日蓮陳状《ちんじょう》」（幕府への弁明書）を書くというような行動は一切起こしていません。もし、師弟が一丸となって赦免運動に奔走していたらどうなっていたでしょうか。時間はかかるかも知れませんが、万一効《こう》を奏《そう》して赦免になったとしましょう。そうなったらおそらく日蓮文書の中でも多くの人に多大な影響を与えた「開目抄」も「佐渡御書」も「顕仏未来記《けんぶつみらいき》」も書かれることはなかったでしょう。ひたすら赦免への手だてに腐心《ふしん》し、あらゆる方策を講じ奔走して、鎌倉への帰還を勝ち取ったとしたら、その生き方はずいぶん色あせたつまらないものになってしまったでしょう。日蓮の仏法の魅力が現代にも通じているのは、そんな世俗的、時代限定的な行動に走るような生き方をとらなかったからに他なりません。

文永九年五月、門下の富木常忍《ときじょうにん》に宛てた「真言諸宗違目《しんごんしょしゅういもく》」に「日蓮が御免《ごめん》を蒙《こうむ》らんと欲するの事を色《いろ》に出す弟子は不孝の者なり」(一三九頁・六三八頁)とあります。色に出すということは行動に起こす、すなわち赦免運動をするということです。日蓮が「不孝の弟子」と言って厳しく戒《いまし》めたのは、師に一日も早くもどってきてほしい、という弟子の思いを難《なん》じたのではもちろんなく、幕府に向かって行動を起こすような政治的な解決方法に対してでした。赦免運動は師の心に反する行為だったからなのです。日蓮は佐渡流罪に対して、無念だとも不本意だとも、一切幕府に対して恨みがましい思いは抱いていませんでした。だから日蓮自身が、赦免に向けて行動を起こすことなどまったく考えていなかったのです。師が望まないことをやろうとする弟子は「不孝の弟子」と言われてもしかたがありません。

日蓮は佐渡流罪を仏法の眼《まなこ》からとらえ続けました。それは佐渡期の文書に一貫して流れています。逆境は人を育てるように、桜は厳冬《げんとう》を越えて春爛漫《らんまん》と咲き誇るように、日蓮の仏法は佐渡流罪によって一層研《と》ぎ澄《す》まされ、深みと広がりを備えるに至ったのです。

目先の利に心を奪われるな

日蓮の佐渡での流人生活は二年四か月にわたりました。幕府から赦免状が発せられたのは、文永十一年（一二七四年）二月十四日、その赦免状が日蓮のもとに着いたのは三月八日でした。

日蓮が鎌倉に生還してきたことは、鎌倉中を騒然《そうぜん》とさせる大事件でした。「彼《か》の国（佐渡）へ趣《おもむ》く者は死は多く生は稀《まれ》なり」（一〇五二頁・九五三頁）というように赦免になることは奇跡《きせき》に近いことだったのです。

かの承久《じょうきゅう》の乱（一二二一年）の時、北条義時《よしとき》によって佐渡に流された順徳上皇《じゅんとくじょうこう》でさえ、京都に二度ともどることなく佐渡の地で死去したのです。天皇経験者でさえもどれなかった佐渡の地から帰還し、しかも伊豆流罪に続く二度目の赦免となったわけですから、鎌倉の人々の驚きは大変なものでした。

門下にあっても、師の流罪を契機に退転《たいてん》する者が多く出たほどでしたから、逆境の時を忍んで信心を貫いていた門下の喜びはいかばかりか、想像をはるかに超えるものであったでしょう。無事帰還した日蓮のもとには、多くの門下が喜び勇んで集ってきたでしょうが、けっして安堵《あんど》感にひたって再会を祝い合うというような様子は見られません。

「種種御振舞御書《しゅじゅおふるまいごしょ》」に「三月二十六日に鎌倉へ打ち入りぬ」（九二一頁・九七九頁）というように、幕府諫暁への絶好の機会ととらえ、意を決して乗り込んでいったというほうが的《まと》を射《い》ています。そして、幕府首脳との対面の結果によっては、これが最後の諫暁となることも覚悟していたでしょう。この間、日蓮は著作も消息《しょうそく》も書いた形跡がないことからも、諫暁に対して相当の決意と準備をしていたことがうかがわれます。

おそらく平左衛門尉頼綱《へいのさえもんのじょうよりつな》との対面の日、四月八日を設定したのは、日蓮自身だと考えられます。この日が釈迦の誕生の日であることはたんなる偶然ではないでしょう。

晩年に書いた日蓮の法門の仕上げともいわれる本門の本尊と本門の題目と本門の戒《かい》壇《だん》を明示した「三大秘法抄《さんだいひほうしょう》」も四月八日付になっています。八日の意義については「抑《そもそも》八日は各各の御父・釈迦仏の生れさせ給い候し日なり……吉事には八日をつかひ給い候」（一一九八頁・一九〇六頁）と重視しているのです。

日蓮が鎌倉から身延《みのぶ》へ向かった日は五月十二日ですが、この日は伊豆流罪が決まり鎌倉を出た日と符合しています。日蓮の主体的な思考が一つ一つの行動に意義を持たせているような気がしてならないのです。

このような日付の符合は、日蓮の誕生の日、二月十六日が、釈迦の忌日《きじつ》である二月十五日の次の日に当たることも不思議な因縁《いんねん》を感じさせます。また社会の表舞台に打って出た「立正安国論」提出の日が七月十六日ですが、この日はインドで七月十五日に三か月間の林棲期《りんせいき》が終わり、僧たちが懺悔《ざんげ》をし、次の日から民衆に向かって布教を開始する日と符合しています。

さて、文永十一年の四月八日、幕府要人との会見では、幕府側も国の行く末について、日蓮の意見をいろいろと聞きたかったようで、平左衛門尉頼綱を対面者として選んできました。これが、日蓮自らの言う「三度の高名《こうみょう》」の三回目となります。一回目が「立正安国論」の提出、二回目が竜の口の法難の時です。高名とは一応は名を高めたことを意味しますが、日蓮が権力者に対して毅然《きぜん》と諫暁し、日蓮の名を権力者たちの間に高らしめた三つのふるまいを表現したものです。

「種種御振舞御書」に「四月八日平左衛門尉に見参《けんざん》しぬ、さき《前》には・にるべくもなく威儀《いぎ》を和《やわ》らげて・ただ《正》しくする上」（九二二頁・九七九頁）と言っていますから、日蓮への対応は流罪以前とはまったく異なり、実に丁重《ていちょう》に迎えていることがうかがえます。そして「或る入道は念仏をとふ・或る俗は真言をとふ・或る人は禅をとふ・平左衛門尉は爾前得道《にぜんとくどう》の有無をとふ・一一に経文を引いて申しぬ」（同頁）というように、平左衛門尉だけでなく、幕府から人選された者たちから法門上の質問を受けていますから、権力者たちも日蓮の法門に関心を示すようになっていました。

ひとしきり仏法の問答が続いた後、いよいよ平左衛門尉が一番聞きたいことを話題にしました。「蒙古《もうこ》はいつ攻めてくるのか」、この問いに対して日蓮は「経文には分明に年月を指したる事はなけれども……今年は一定《いちじょう》寄せぬ」（三五七頁・一三三四頁）あるいは「今年は蒙古は一定よ《寄》すべし」（三二三頁・一二三九頁）と答えています。

幕府にとって、蒙古襲来は最大の関心事でした。蒙古の力を計りかねていた幕府は、蒙古に関する情報を必死になって集めていたのです。すでに日蓮が「立正安国論」で他国の攻め（他国侵逼《たこくしんぴつ》の難）を予見《よけん》していたこともあって、幕府は蒙古襲来の時期を日蓮に問うたのです。実は幕府の意図には、蒙古襲来という国難を乗り切るために日蓮を取り込み、敵国調伏《ちょうぶく》の祈禱《きとう》さえ依頼しようと考えていたふしがあります。

この時、平左衛門尉は日蓮に鶴岡八幡宮《つるがおかはちまんぐう》の東面の一等地である西の御門《みかど》の東郷入道の屋形《やかた》の跡に大規模な寺院を建立《こんりゅう》し寄進《きしん》するから、真言、念仏、禅等と一緒に幕府安泰のための敵国調伏をしてほしいと要請しています。

このことは「富山《ふざん》（日蓮の直弟子《じきでし》の日興《にっこう》）仰《おおせ》に云く、大聖《たいせい》（日蓮）は法光寺禅門（執権・時宗《ときむね》）、西の御門の東郷入道屋形の跡に坊作って帰依せんとの給ふ」（「御伝土代《ごでんどだい》」『富士宗学要集』五巻八頁）によっています。日興の弟子・日道《にちどう》が書いた「御伝土代」（一二三三年）は現存する最古の日蓮伝としてその内容の信頼性が高いのでこれは史実と考えていいでしょう。日興が日道に語った内容から、この寄進・帰依の発案者は執権・時宗自身であることがわかります。ここに日蓮の流罪赦免の理由を解く鍵があります。おそらく時宗は赦免を決断する段階で、たんに日蓮の蒙古についての意見を聞くだけでなく、西の御門寄進まで思い画《えが》いていたようです。

さて、もしこの時、幕府から一等地を寄進されて建長寺や極楽寺《ごくらくじ》に並ぶ日蓮の壮大な寺院が建立されていたらどうだったでしょうか。ここでも「世間の目」から見れば、あれほどいじめてきた幕府の態度が改まって、逆に願ってもない好条件を提示してきたのだから、ここは受けるべきだと考えるのが普通でしょう。

鎌倉の一等地に幕府による寄進寺が建立されれば経済的にも安定し、弟子の育成も存分にできる。門下も堂々と日蓮仏法を実践でき、真言、念仏、禅に匹敵《ひってき》する隆盛も夢ではない。そして今までの苦労もいっぺんに報われるというものです。しっかりした信仰の拠点ができれば、あとはやり方次第でいくらでも日蓮仏法は広がっていく。だれでも飛びつきたくなるようなありがたい話なのです。

しかし、日蓮はこの提案を拒絶《きょぜつ》したのです。

確固たる信念をもってこれを退けたのです。拒絶の理由を教義の上から考えれば、徹底して破してきた他宗とともに、幕府に命じられて調伏祈禱をすることはありえないことだったからです。さらに、権力の力を借りた布教の推進は「日蓮の心」に反するものだったのです。いままでさんざんに激しい弾圧を加えてきた権力が態度を豹変《ひょうへん》させても、その本質は変わるものではありません。つまり批判するものには弾圧をする、役に立ちそうなら利用をするというような権力側の論理を見抜いていた日蓮にとって、寺院寄進などまったくとるに足らない小事だったのです。むしろ政治権力者に対して関心があったのは、政治権力者が他宗への帰依を捨て日蓮仏法を信奉《しんぽう》して、民衆のために善政《ぜんせい》を行ってほしいということでした。為政者《いせいしゃ》に対する諫めはあっても、為政者に日蓮仏法の流布のために何かをしてもらおうという権力に依存する気持ちはまったく持ち合わせてはいなかったのです。

おそらく幕府公認の「日蓮の寺」が建立されても、それは幕府権力の傘下《さんか》に与《くみ》し、多大な束縛《そくばく》のもとでわずかな栄華《えいが》に浴するだけで終わるであろうことは容易に想像がつきます。日蓮は、遠い将来を見据《みす》えて、目先の安易でしかも妥協《だきょう》的な道をとることはけっしてしなかったのです。

自らが手本を示す

先に立って範を示す――先頭を走って後に続くみんなが遅れないように、脱落しないように心配りをしながら率いていく。どうしたらみんながついてこられるか、その範を身をもって示していく。自分がまず実践して道を開いていく。

日蓮の生涯をたどっていくと、率先垂範《そっせんすいはん》の人というイメージが浮かび上がってきます。日蓮が先頭を走り出したのは三十二歳の時、題目を創唱《そうしょう》したことから始まりました。「南無妙法蓮華経を唱えれば幸せになれる」「南無妙法蓮華経は一切衆生を救済する根本の法である」と。

しかし、ついてくる人はほとんどいませんでした。法華経の経文を中心に、天台大師の法華経解釈も引用しながら、南無妙法蓮華経の理論的正しさを説明してもついてくる人はまれだったのです。「世間の人人何《いか》に申すとも信ずる事はあるべからず」（一三二七頁・九九〇頁）というように。それでも日蓮は自分の所持する仏法が最高であることを確信していました。そして、世の人々は誤った信仰を所持して不幸を招いていると強く感じていました。打ち続く飢饉《ききん》、疫病《えきびょう》、自然災害が重なる中で、一日も早く南無妙法蓮華経を人々に伝えていかなければならない、そういう思いが募《つの》っていきました。

しかし、名もなき一介の僧の言うことに、耳を傾ける人は一向に現れません。それどころかかえって迫害されることのほうが多かったのです。先頭を走る者への風当たりが強いのは当然です。そんなことで主張を撤回するような無責任な姿勢はもちろんありません。先駆者《せんくしゃ》には強い責任が要求されます。自分が主張した内容に責任を持つ、実現に向けて死力を尽くして走り続ける責任感が先駆者の条件なのです。

日蓮は何のために走り続けたのか、それは南無妙法蓮華経の流布の一点でした。この身もこの命も南無妙法蓮華経の流布に懸《か》ける死身弘法の生き方を心に決めて道なき道を開く未聞《みもん》の戦いを始めたのです。三度の高名のことを前に述べましたが、高名はもとより売名行為のためなのではなく、南無妙法蓮華経の流布のためという一貫した目的の実現に向けた為政者への諫暁行動だったのです。その最初が時の最高権力者・北条時頼《ときより》への「立正安国論」の提出でした。日蓮はあえてこの書では「南無妙法蓮華経」についてまったく触れませんでした。これはこの高名によって公《おおやけ》の場に呼び出されることを想定し、その時を期していたからと考えられます。同時に今まで以上のもっと激しい迫害、弾圧の魔の手が伸びることも覚悟していました。

実は、この法難こそ打開のチャンスだったのです。南無妙法蓮華経に法力《ほうりき》が具《そな》わっているかどうかを証明する最高のチャンスだったのです。南無妙法蓮華経に力がなければ、日蓮の命は弾圧の嵐にかき消されるでしょう。妙法に力があれば、どんな法難をも乗り越えることができるはずです。日蓮が法難をあえて招き寄せた理由は、この南無妙法蓮華経の証明の一点にあったのです。

松葉ケ谷《まつばがやつ》の草庵《そうあん》を追われ（松葉ケ谷の法難・三十九歳）、伊豆伊東に流罪され（伊豆流罪・四十歳）、小松原《こまつばら》では眉間《みけん》に刀きずを受け、右腕を折られ（小松原の法難・

四十三歳）、竜の口の刑場で頸《くび》をはねられようとし、結果佐渡へ流されました。（竜の口の法難、佐渡流罪・五十歳）。これらを日蓮は「大事の難・四度」（二〇〇頁・五五七頁）と述べています。先駆者・日蓮は実に十二年もの年月をかけて南無妙法蓮華経の証明を果たしたのです。

その証明のしかたは理論的証明より、体験的証明です。ここにこそ日蓮の生き方の特徴がよく表れていると思うのです。まず自分がやってみて本当にすばらしいと思ったことを自分の身でもって証明する。ふるまいを通して人々に理解してもらう。理論的哲学ではない、ふるまいの哲学が日蓮の真骨頂《しんこっちょう》なのです。

率先垂範のふるまいを示すエピソードがもう一つあります。

建治《けんじ》元年（一二七五年）に富木常忍に送った書状に「我が門家《もんけ》は夜は眠りを断《た》ち昼は暇《いとま》を止《とど》めて（止暇断眠《しかだんみん》）之《これ》を案ぜよ一生空《むな》しく過して万歳悔《ばんさいく》ゆること勿《なか》れ」（九七〇頁・一三七三頁）という一節があります。

ここに言う「之を案ぜよ」というのは「真言宗に対する理論的破折《はしゃく》」を指しています。つまり真言宗を破るために夜を徹し、昼間も寸暇《すんか》を惜しんで研鑽《けんさん》するように門下に指示を出しているのです。

当時、鎌倉武士の精神的支柱だったのは鶴岡八幡宮でした。そのトップの立場にあった別当職《べっとうしき》は真言宗東寺派《とうじは》か天台宗寺門派《じもんは》（園城寺《おんじょうじ》を中心とする派・真言化していた）出身の僧侶が独占していましたし、あの極楽寺良観《りょうかん》も真言を取り入れた新義律宗《しんぎりっしゅう》の僧でした。さらに鎌倉念仏宗の中心的な存在だった然阿良忠《ねんありょうちゅう》も、専修念仏《せんじゅねんぶつ》ではなく、真言密教をなかば認めています。要するに各宗とも共通して密教的な体質を帯びており、真言密教は諸宗の中で最も強い影響力と幕府との太いパイプを持って宗教界に君臨していたのです。

しかし、日蓮は身延に入ってからあえてその真言破折に踏み切っています。そのタイミングは、蒙古の侵略が現実となり（文永の役《えき》・一二七四年）、幕府が敵国調伏を真言祈禱に頼るただなかでした。文永年間の終わりから、建治年間にかけての著作を年代順に読んでいく時、その大半が真言破折を主題としており、身延に入っても国を憂《うれ》い、民《たみ》を思う日蓮の熱誠《ねっせい》の強言《ごうげん》はますます盛んであることがわかります。

文永十一年（一二七四年）に起きた文永の役の一か月後に著《あらわ》された「曾谷《そや》入道殿御

書」（一〇二四頁・八三八頁）を皮切りに、文永十二年（一二七五年）正月には「大田殿許御書《もとごしょ》」（一〇〇二頁・八五二頁）、三月に「曾谷入道殿許御書」（一〇二六頁・八九五頁）と「教行証御書《きょうぎょうしょうごしょ》」（一二七六頁・一四七九頁）、四月に改元され建治元年になると六月に「三三蔵祈雨事《さんさんぞうきうのこと》」（一四六八頁・一〇六五頁）、七月には「大学三郎殿御書」（一二〇三頁・一〇八一頁）と「高橋入道殿御返事」（一四五八頁・一〇八三頁）、そして八月に今一節を挙げた「富木殿御書」（九六九頁・一三七二頁）、十二月に「強仁状御返事《ごうにんじょう》」（一八四頁・一一二二頁）を執筆しています。

また書かれた月ははっきりしませんが真言破折の代表的な著述である「撰時抄《せんじしょう》」（二五六頁・一〇〇三頁）をはじめ「瑞相御書《ずいそう》」（一一四〇頁・八七二頁）、「神国王御書《しんこくおう》」（一五一六頁・八七七頁）も同じ年に述作されています。建治二年（一二七六年）には正月に「清澄寺大衆中《せいちょうじたいしゅうちゅう》」（八九三頁・一一三二頁）、そして真言破折の決定版ともいうべき「報恩抄《ほうおんしょう》」（二九三頁・一一九二頁）を七月に著しています。それこそせきを切ったように真言破折を展開しているのです。

「富木殿御書」の五か月前に日蓮は「曾谷入道殿許御書」を曾谷教信《きょうしん》や大田乗明《おおたじょうみょう》に送

り、「大田金吾殿・越中《えっちゅう》（富山県）の御所領の内並びに近辺の寺寺に数多《あまた》の聖教《しょうきょう》あり等云云、両人共に大檀那《だいだんな》為り所願を成《じょう》ぜしめたまえ」（一〇三八頁・九一〇頁）と、二人に対し越中の檀那寺が所蔵する真言宗に関する経論などを集めるように指示しています。

建治元年になると「清澄寺大衆中」の中で、日本の真言宗の開祖である空海《くうかい》の著「秘蔵宝鑰《ひぞうほうやく》」「弁顕密二教論《べんけんみつにきょうろん》」等を借りるよう依頼しており、さかんに真言の典籍《てんせき》要請をしています。そうして集めた真言書を読破し、思索を重ねる日蓮の真言への教義的な破折への周到な準備が、そのまま日蓮自身の止暇断眠の戦いにつながっていたことは容易に察せられるのです。

だから止暇断眠の姿勢でしっかり研鑽しておきなさい、という門下への指示は、実はまず自らが率先して実践していることを門下にも必要だと判断して出されたのです。

日蓮はまず自分が範を示して道を開く、そういう姿勢を常に貫き通したといっていいでしょう。

同苦する（南条時光の母への手紙）

日蓮という人は、自信にあふれ、いつも強気で、逆境にも屈せずと、どうもわたしたちには近寄りがたいイメージを抱かせます。でもそういった自分には持ち合わせていない生き方をしている人だからあこがれるということもあるでしょう。

しかし、そんな日蓮にも意外な「心」の揺《ゆ》れが見られる一面があるのです。

日蓮は自分に対しては徹底して厳しい人でしたが、門下のことになるとまるで慈父《じふ》悲母《ひも》かのようにやさしさにあふれる心根《こころね》で接する人だったのです。

門下を代表する人の一人に南条時光《なんじょうときみつ》という青年がいました。父が最初に入信し、やがて亡くなると時光は南条家を継《つ》ぎ、母とともに信心もまじめに実践していました。ところが弟の七郎五郎がわずか十六歳で早死にしてしまいました。その時の母の嘆《なげ》きは大変なもので、最愛の子供を亡くし茫然《ぼうぜん》自失《じしつ》の悲しみにうちひしがれる姿は痛々しいほどでした。

その知らせを聞いた日蓮は、時光の母に対してどのように励ましてあげたらいいのか、真剣に思い悩んでいます。それこそ深刻に受け止め、母の苦しみをわが苦しみとして、言葉を選びながら消息を書きつづっている様子が手にとるようにわかります。やや長い記述になりますが、時光の母への消息を引用しながら日蓮の「同苦《どうく》の心」に触れていきたいと思います。

七郎五郎が死去したのは弘安《こうあん》三年（一二八〇年）九月五日でした。日蓮がその知らせを聞いたのはその日か翌日の九月六日かはっきりしませんが、いずれにしても南条時光からすぐに知らせがあったのです。七郎五郎には六月十五日に会ったばかりだったので、日蓮はまさかという気持ちで信じることはできませんでした。

「故なんでう《南条》の七らうごらうどのの事、いままでは・ゆめ《夢》かゆめか・まぼろし《幻》か・まぼろしかとうたがいて・そらごと《虚言》とのみをもひ《思》て候へば・此の御ふみにも・あそばされて候、さては、まことかまことかとはじめ《始》て・うたがいいできたりて候」（一五六六頁・一七九四頁）と。

これが日蓮の最初の反応ともいうべき思いだったのです。

ともかくすぐに日蓮は南条時光に消息を送りました。九月六日付のこの消息には次のようにあります。

「南条七郎五郎殿の御死去の御事、人は生れて死するならいとは智者も愚者も上下一同に知りて候へば・始めてなげ《嘆》くべしをどろ《驚》くべしとわをぼ《覚》へぬよし・我も存じ人にもをしへ候へども・時にあたりて・ゆめ《夢》か・まぼろ《幻》しか・いまだわきま《弁》へがたく候」（一五六七頁・一七九三頁）と。

人はだれでもいつかは死ぬ、それが人の世の常というものだ、そう自分も思い、門下にも教えてきたが、今回の七郎五郎殿の死去にあたってはその道理も弁《わきま》えることができないほどだ、とありのままの心情を吐露《とろ》しています。さらに次下に、

「まして母のいかんがなげ《嘆》かれ候らむ、父母にも兄弟にも・をく《後》れはてて・いとをし《最愛》きをとこ《夫》に・すぎ《過》わかれたりしかども・子ども・あまた《数多》をはしませば心なぐさ《慰》みてこそ・をはしつらむ、いとをしき・てこご《子》・しかものこご《男》・みめかたち《容貌》も人にすぐ《勝》れ心も・かいがいしくみ《見》へしかば・よその人人も・すずしくこそみ候いしに・あやな

く・つぼめる花《蕾》の風にしぼみ・満つる月の・にわかに失《うせ》たるがごとくこそをぼすらめ、まこととも・をぼへ候はねば・かきつくるそらも・をぼへ候はず」（同頁）

母の嘆きの深さを思うとなんといって励ましたらいいのか、思い悩みながら言葉を選ぶ日蓮の心の揺れがよく伝わってきます。それでも追伸《ついしん》で、

「釈迦仏・法華経に身を入れて候いしかば臨終《りんじゅう》・目出たく候いけり、心は父君と一所に霊山浄土《りょうぜんじょうど》に参りて・手をとり頭を合せてこそ悦ばれ候らめ、あはれなり・あはれなり」（一五六八頁・一七九四頁）

と、七郎五郎殿は信心を貫いてきたので臨終もりっぱで、今ごろは亡くなった父君とともに霊山浄土で手を取り合って再会を喜び合っていることでしょうと記し、なぐさめの言葉で締めくくっています。

さらに、日蓮は母に宛てて十月二十四日付で「上野殿母尼御前御返事」を送りました。全部で四六〇〇字を超える長文で、二九枚もの紙に書かれていました。これは日蓮の門下への消息の中でも屈指《くっし》の長文です。嘆きの母に対する日蓮の精魂《せいこん》を込め、真心の限りを尽くす、そして同じ苦しみを分かちあう心情がいかに深いものであったの

かが伝わってくるようです。

「故《こ》七郎五郎殿は当世の日本国の人人には・に《似》させ給はず、をさな《幼》き心なれども賢き父の跡をおひ御年いまだ・はたち（二十）にも及ばぬ人が、南無妙法蓮華経と唱えさせ給いて仏にならせ給いぬ・無一不成仏《むいつふじょうぶつ》は是なり、乞《こ》い願わくは悲母《ひも》我が子を恋しく思食《おぼ》し給いなば南無妙法蓮華経と唱えさせ給いて・故南条殿・故五郎殿と一所に生れんと願はせ給へ」（一五七〇頁・一八一二頁）

　故七郎五郎殿は若くして逝《い》ったが成仏していることはまちがいない、あなたもわが子を恋しく思うならば南無妙法蓮華経と唱えて亡き夫と子とともに生まれようと願われるがよい、と述べています。死んだわが子は今どうしているのか、どうしたらまた会えるのか、という母の切ない思いを十分に酌《く》んで、仏法の立場から少しでも心がほぐれるように、少しでも満たされるようにと、書きつづっています。さらに、

「さ《開》ける花は・ち《散》らずして・つ《蕾》ぼめる花のか《枯》れたる、を《老》いたる母は・とどまりて・わか《幼》きこ《子》は・さりぬ、なさけなかりける無常かな・無常かな」（一五七三頁・一八一七頁）

咲いた花は散らないで、つぼみが枯れてしまったように、老いた母は生き残り、若き子は先に逝ってしまった。なんと情けのない無常の世であることよと、母の気持ちを代弁しています。

「かかる・なさけなき国をば・いとい《厭》・すてさせ給いて故五郎殿の御信用ありし法華経につかせ給いて・常住不壊《ふえ》のりやう《霊》山浄土へとくまいらせ給うちち《父》はりやうぜんにまします・母は娑婆《しゃば》にとどま《留》れり、二人の中間《ちゅうげん》に・をはします故五郎殿の心こそ・をもひ《思》やられて・あわれ《哀》に・をぼへ候へ、事多しと申せども・とどめ候い畢《おわ》んぬ」

（一五七三頁・一八一七頁）

――このような非情の世は厭《いと》い捨てられて、故五郎殿の信仰した法華経について霊山浄土で速やかに行かれるがよい。霊山の父と娑婆の母の間に立つ故五郎殿の心が思いやられ、あわれでなりません。申しあげたいことはもっとたくさんあるがこの辺でやめておきます――

この記述を読んでいると、母の落胆《らくたん》はそうとう深刻で、もはや生きる気力を完全に失っている様子がうかがえます。そういう人にどういう励ましの言葉をかけてあげるのがいいのか、同苦する日蓮の姿が思い浮かぶようです。

ともかく長文の消息になったのは、日蓮自身が七郎五郎の死を深く悲しみ、母の嘆きを痛いほど感じていたからだと思います。

その後も母の嘆きが続くかぎり、日蓮の励ましも続きました。

年も越し弘安四年正月十三日、また母尼に消息を送りました。

「いやなくさき《先》たち《立》ぬれば・いかんにや・いかんにや・ゆめ《夢》か・まぼろし《幻》か・さめ《覚》なん・さめなんと・をもへ《思》ども・さめずして・とし《年》も又かへり《廻》ぬ、いつとまつ《待》べしとも・をぼへず」（一五七六頁・一八五九頁）

――不幸にも先だって逝ってしまって、どうしたことか、ゆめか、まぼろしか、ゆめなら覚めてほしいと思ってきたが、覚めないで年も越してしまいました――

何度も何度も母親の気持ちを代弁する表現がここでもくりかえされています。そして、

「やすやすとあわせ給うべき事候、釈迦仏を御使《おんつかい》として・りやう《霊》ぜん《山》浄土へまいりあわせ給へ、若有聞法者《にゃくうもんぽうしゃ》無《む》一不成仏《いっふじょうぶつ》（もし法を聞く者有らば一として成仏せざることな

し）と申して大地はささば・は《外》づるとも・日月は地に堕ち給うとも・し《潮》をはみ《満》ちひ《干》ぬ世はありとも・花はなつ《夏》にならずとも・南無妙法蓮華経と申す女人の・をもう《思》子に・あわずという事はなしととか《説》れて候ぞ、いそぎ・いそぎつとめさせ給へ・つとめさせ給へ」（同頁）

――簡単に七郎五郎殿に会える方法があります。それは釈迦仏を御使いとして霊山浄土へ行かれることです。法華経を聞く者で成仏しない者は一人もいないように、南無妙法蓮華経を唱える女人が愛《いと》しく思う子に会えないはずはありません。急いで急いでしっかり唱題されるように――

ここでもわが子に会いたい母の思いになんとか答えようとする日蓮の思いやりの表現がつづられています。

その後も三月十八日付の南条時光への消息でも七郎五郎のことに触れ、母尼へは十一月十五日付の消息が送られています。さらに十二月八日にも母尼への消息「上野殿母尼御返事」が送られました。このころ日蓮は体調が悪く思うように消息も書けないほど衰弱が進んでいました。

「やせやまい《病》と申しとし《齢》と申しとしどし《年年》に身ゆわく・心をぼれ《溺》候いつるほどに、今年は春より此のやまい・をこりて秋すぎ・冬にいたるまで日日にをとろへ・夜夜にまさり候いつるが・この十余日はすでに食も・ほと《殆》をとどまりて候」（一五八三頁・一八九六頁）と自身の病状を母尼に伝えています。そして「身のひゆる事石のごとし・胸のつめたき事氷のごとし、しかるに・このさけ《酒》はたたか《温》に・さしわかして、かつかうを・はたと・くい切りて一度のみて候へば・火を胸に・たくがごとし、ゆ《湯》に入るににたり《似》、あせ《汗》に・あか《垢》あらい・しづくに足をすすぐ、此の御志は・いかんがせんと・うれしくをもひ候ところに・両眼より・ひとつのなんだを・うかべて候」（一五八三頁・一八九七頁）と母尼からの供養《くよう》の品々のうちのお酒と「かつかう」という薬草を飲んで体も暖まり、母尼の志《こころざし》に思わず両目より涙が浮かんだと記しているのです。

そして最後に次のようにしめくくっています。

「日蓮は所らう《労》のゆへに人人の御文《ふみ》の御返事も申さず候いつるが・この事は・あまりになげかしく候へば・ふで《筆》をとりて候ぞ、これも・よも・ひさしくも・このよに候はじ、一定《いちじょう》五郎殿にいきあいぬと・をぼへ候、母よりさきに・けさん《見参》し候わば母のなげき申しつたへ候はん、事事又又申すべし、恐恐謹言《きょうきょうきんげん》。

十二月八日

日蓮花押《かおう》

上野殿母御前御返事」（一五八四頁・一八九七頁）

――日蓮は病気のために門下からの手紙に対して御返事も書かないでいましたが、故五郎殿のことはあまりに嘆かわしいことでしたので、自ら筆をとって書きました。私もたぶんこの世にいるのも長くはないでしょう。かならず故五郎殿に会えると思います。あなたよりも先に会えたなら、あなたの嘆きを申し伝えましょう。他のことはまたの機会に申しあげます――

最愛の子が亡くなってから一年三か月が経《た》っていました。その間の日蓮の母尼に対する心づかいを消息によってたどってきましたが、日蓮という人は、たった一人の門下のためにこんなにも心をくだき身をけずるふるまいをしていたのか、と思わずにいられません。

ここには指導する者とされる者というような上下の関係はほとんど感じられません。もしそうなら「人間いつかは死ぬんだからいつまでもくよくよしていてもしかたがない、子供のことは早く忘れてこれからの自分のことを考えなさい」とでも言って済ましてしまうところです。

日蓮はそういう心ない指導はしません。苦しみを分かち合い共に悩む「同苦の心」を持つ人だったのです。

「一切衆生の同一苦《どういつく》は悉く《ことごと》是日蓮一人の苦と申すべし」（五八七頁・一八四七頁）という記述がありますが、本当に心の底からそう決意していたのだと思います。母尼に対するふるまいを見れば、この一節に込められた日蓮の心が少しばかりわかるような気がするのです。

退転者の心理

テレビ放送で「プロジェクトX」という興味深い番組がありました。毎回感動しながら見ていましたが、そこでは一つの偉業《いぎょう》に向かって人間の能力の限界に挑戦しなががら、次から次へと襲ってくる困難をも越えて、ついに目的を達成する人間ドラマが語られていました。身近にあるものや、大きな事業ができるまでに関わった人々の悪戦《あくせん》苦闘《くとう》の生きざまは、まさに見るものにとって人間としての生き方の範を示してくれているといえるでしょう。それらの出発点は企業の一員として、会社の発展、利益の追求にあったかもしれません。しかし、達成するためにいつのまにか、我を忘れ、時間の経つのも忘れ、家族とも寝食《しんしょく》をともにできないほどのひたむきさ、没頭《ぼっとう》していく姿、そして社会のため、使ってくれる人々のためにこそ達成しなければならないという大きな志、そして、ついに完成にこぎつけた時の、心のそこから湧《わ》き上がる歓喜、どれをとっても「すごいなぁ、たいしたものだ」と番組が終わってもしばらく感動の余韻《よいん》にひたっていました。

仏法的にみてもここには多くの生き方のヒントが示されていると思います。それは偉業を達成する人々に共通することは、菩薩のふるまいに似た生き方をしているということです。自分をなげうって一つのことに人生をかけていく、しかも不退転の決意で。企業の目的を超えてもっと広がりのある社会の発展、社会貢献《こうけん》をめざす、人々に喜んでもらえればという願いで。

菩薩が発心《ほっしん》する時に起こす誓願《せいがん》を四弘《しぐ》誓願といいますが、これは一切衆生を救済するために立てる四つの誓願をいいます。この誓願は広大普遍《ふへん》なので弘《ぐ》といい、自らの心を制するので誓《せい》といい、一切衆生の成仏達成をめざすので願《がん》といいます。だから菩薩の実践というのは純粋に人々の幸せのために、自分をなげうって戦い抜くわけです。しかし、最後はその尊い不自惜身命《ふじしゃくしんみょう》（自ら身命を惜しまず）のふるまいが、多くの人々からの感謝の思いとなってみんな自分に還ってくる、これこそ求めずして得られる人間としての最高の喜びなのだと思います。

ところが人間というのは途中で挫折《ざせつ》する弱い存在であることも否定できません。目標を持って努力することは長い人生の中で何度も経験がありますが、最後まで到達しないまま終わることのほうが多いのも事実です。仏道修行という言葉がありますが、日蓮仏法の道をきわめるのも苦しい修行を重ねなければ得ることはできないのです。日蓮の仏法は本尊への唱題という明快な修行方法が提示されていますが、そのこと自体はけっしてむずかしいことではありません。むずかしいのは菩薩の心を持って不退転で持続していくことです。自分の幸せのためだけに唱題を心静かに粛々《しゅくしゅく》と続けていくのは日蓮の心に適《かな》った信心とはいえません。師・日蓮の心に適う信心を持続することが肝要なのであり、その持続こそが大事なのです。だから日蓮は途中で挫折した門下に対しては厳しく戒められています。「受くるは・やすく持つはかたし・さる間・成仏は持つにあり」（一一三六頁・八九四頁）とあるように、せっかく受けた日蓮の仏法を持続できずに途中でやめたなら成仏はありえないのです。

日蓮は退転者の心の構造を見事に分析しています。南条時光に与えた消息の中で次のように記しています。「よく《欲》ふかく・心をくびやうに・愚癡《ぐち》にして・而《しか》も智者となのり」（一五三九頁・一三〇九頁）と。一度は日蓮の仏法を心のよりどころとし、日蓮を人生の師と仰いで、信仰の道を歩み始めたにもかかわらず、なぜ途中で信心をやめてしまったのか、それは一つの目標に向かって努力を続けてきたものの途中でやめてしまった生き方とも通じている問題です。

まず「欲深く」は自分だけの欲望を満たすためというのがまず最初にある、自利《じり》の生き方から抜け出ない心のありようを指摘しているのです。こういう生き方は「自分のため」が優先しているようで、実はお金や地位や名誉をむさぼり求めるあまり、それらに振り回され自分を見失う人生になってしまうのです。それらが得られない信心ならやめてしまおう、という身勝手からくる境涯の低い退転理由なのです。

「心をくびやう」というのは保身から起こる心です。人間は失っては困るものに対して強い執着を持って生きています。かね・かぞく・かたがきの「か」がつく三つの言葉はその代表的なものです。それらを失ってまで信心を続けることはできない、というのが臆病《おくびょう》な心に当たります。

当時の門下の多くは、日蓮に対する激しい法難の嵐を目《ま》の当たりにして、自分にも火の粉が降ってくるのではと戦々恐々《せんせんきょうきょう》としていました。信心をとるか、失っては困るものをとるか、その二者択一の上での退転だったのです。それは世法と仏法をてんびんにかけ、自愛を優先させた心のありようを示しています。

世俗の論理に負けた弱い心による退転は最も日蓮の心と逆行するものだったのです。「愚癡」は不満から生ずる心の働きです。これは人生が思い通りにならないことを外側にあるもののせいにして起こる心です。信心していても少しもいいことがないじゃないか、少しも楽しいことがなくいやなことばっかりだ、というわけです。しかし、自分のことを棚上げにして愚癡や文句を言っても現状を打開することは不可能です。まして、だからもうやめたというのでは、その先の人生も同じことのくりかえしで、結局不満は全部自分にはねかえってきてしまうでしょう。

「愚《おろ》かは畜生《ちくしょう》」と日蓮も断じているように、目先の楽しいこと楽《らく》なことを追いかけて大事な人生を棒に振ることになりかねません。自分がしっかりしていないため、他の人の影響を受けやすいのも「愚癡の人」の特徴です。「悪知識《あくちしき》と申すは甘くかたらひ詐《いつわ》り媚《こ》び言を巧《たくみ》にして愚癡の人の心を取つて善心を破る」（七頁・一九四頁）というように、落ち込んでいる時にやさしく声をかけてくれたり甘い言葉で誘われると簡単についていってしまう。その結果あとで泣きを見る、後悔してももう遅い。文字通り、愚癡とは「愚か」に「癡《おろか》」を重ねるものなのです。

「智者となのり」。これは自分を正当化し、外側に向かって批判する心持ちをいいます。自分は正しい、でもうまくいかない、それは他がまちがっているからだ、という考えは、前の三つに比べて主体性がある点は違っていますが、そもそもこういう考えに至る理由には前の三つを前提としていることが多いのです。だから「而も智者となのり」の「而も」という表現は日蓮がそれを見抜いていることがうかがえます。

欲深く、臆病で、愚癡っぽい性格の人が、うまくいかない理由を自分に向けないで外に向ける時、批判が始まります。その場合いろいろ理由を付けて、あれがだめだ、これがだめだ、自分ならこうするというように、まるで自分のほうがすぐれているかのように批判するのです。そういう意味で「智者となのる」人ほど始末《しまつ》が悪い人はいません。この人は最後には自分だけ静かにやめていくのではなく、残っている人たちにもやめるように働きかけをするからです。

たしかに人間というのは、ものごとが順調に進んでいる時は現状に満足して心も安《あん》穏《のん》です。しかし、一度その安穏が破られると、心が揺れ、あれこれと考え込むようになります。なぜ自分はこんなに苦しい目に遭うのだろうか、という思いが、なぜ自分はこんなに苦しめられるのか、といつのまにか被害者意識に変わっていることが往々にしてあります。そうなると自分の外にあるものに対する不満、怒り、憎悪《ぞうお》へとつながっていきます。

これは信心だけの問題ではなく、仕事でも人間関係でも同じことで、自分の外側にあるものを加害者のように思って自分をいたわっているかぎり、何の解決にもならないのは明らかです。退転して訣別《けつべつ》する道を選ぶことが安穏のおとずれだと思うのは大きな錯覚《さっかく》です。

日蓮は、避けたり逃げたりする心持ちに対しては厳しい態度で臨みました。だから「よくふかく・心をくびやうに・愚癡にして・而も智者となのり」という退転の精神構造を持つ具体的人物の名前まで挙げて明記しています。弱い自分だからこそ強い自分へと鍛える、なにごとにも動じない心を鍛える、それが日蓮の仏法のめざすところでもあったのです。

身体と心

四苦《しく》——生老病死《しょうろうびょうし》の四苦は釈迦の出家《しゅっけ》の動機ともなった人間の本質的な苦しみを

いいます。生きることの苦しみ、老いることの苦しみ、病の苦しみ、そして死への苦しみは、いうまでもなくこの世に生を受けた人間ならだれも避けることはできません。日蓮は、「老」については四十九歳の時「すでに年《よわい》五十に及びぬ余命《よめい》いくばくならず」（九九九頁・四五八頁）と人生の寿命《じゅみょう》として五十年を一つのくぎりと考え、自身の老いを認識しています。病については五十七歳の時「日蓮下痢《くだりはら》去年《こぞ》十二月　卅日《さんじゅうにち》事起り今年六月三日四日　日日に度《ど》をまし月月に倍増す定業《じょうごう》かと存ずる」（一一七九頁・一五二四頁）と下痢に悩まされていることを自ら告白する表現を残しています。さらに前にも述べましたが、六十歳の時、子供を失い落胆の極《きわ》みにあった南条時光の母に対して「上野殿母御前御返事」を書いて送っていますが、この時日蓮自身も病の身にあって筆をとるのもやっとという状態だったのです。

この手紙の中で日蓮は自分の病を次のように克明に記しています。

「八年が間やせやまい《病》と申しとし《齢》と申しとしどし《年年》に身ゆわく・心をぼれ《溺》候いつるほどに、今年は春より此のやまいをこりて秋すぎ・冬にいたるまで日日にをとろへ・夜夜にまさり候いつるが・この十余日はすでに食も・ほと《殆》をとどまりて候」（一五八三頁・一八九六頁）と。

このように日蓮は、自身のなま身に襲う老病をありのままにつつみかくさず記していいます。これらはいわば身体に迫る生老病死を指しますが、それを苦しみと感じる主体は、身体ではなくむしろ心なのです。だから心の生老病死を乗り越えることが人生では大事なのです。釈迦の仏教の目的は、四苦に打ち克つ心の確立にあったといっても過言ではないでしょう。

生への絶望の心、青年のような気概を失った老いた心、自信を失いぼろぼろになった病める心、生きながら死んだような心――このような心の生老病死に冒《おか》された人生になってはけっしてならない。

要は、身の生老病死が人生をだめにするのではなく、心の生老病死が人生を狂わせてしまうのです。

日蓮は、身と心の違いを立て分けてとらえています。

「身は人身に似て畜身《ちくしん》なり」（九五八頁・六一四頁）と自身の身体は無常を免《まぬか》れないなま身そのものであり、「濁水に月のうつれるが如し糞嚢《ふんのう》に金《こがね》をつつめるなるべし」

（同頁）と、身を濁水・糞嚢に例えながらも、心に対しては月、金に匹敵するというのです。心を輝かせて生きることが、なによりも大事であることを教示しているのです。よく生き、よく老い、病をもプラスに転じる契機とし、そして人生の幕引きを荘《そう》厳《ごん》していくのは、すべて心次第だということです。

「心こそ大切なれ」（一一九二頁・一一六八五頁）といい、「心の財をつませ給うべし」（一一七三頁・一一三九五頁）といい、「身の財より心の財第一なり」（同頁）という日蓮の仏法は、どこまでも心に焦点を当てているのです。強き信心で、高い志を持ち、心を鍛え、菩薩の心を身の上にふるまいとして示していく人生こそが、生老病死を乗り越える唯一の道であることを示してくれていると思うのです。

だから日蓮の心は、生老病死という本源《ほんげん》の苦をそのまま苦とはとらえない。苦のない人生は歓《よろこ》びを感じることはありません。苦あってこそ歓びがあり、苦あってこそ人は鍛えられ成長していくものです。おそらく苦との戦いにおいて日蓮の右にでるものはいないでしょう。歴戦《れきせん》の勇者ともいうべき日蓮にとって、苦は歓喜の人生を知ることができる源泉として、むしろ積極的に肯定していたといっていいでしょう。だから四苦も歓びの心で受け入れる、まさに「生も歓喜」「死も歓喜」と転じてしまうのです。普通の人なら、苦からのがれ楽を求めるように、苦の向こうにあるのは楽だととらえるでしょう。日蓮はそうではない。苦があるからそれをばねにがんばっていける、大きく成長できるのは苦があってこそだととらえるのです。

　こういう逆転の発想は、日蓮を迫害した者に対する評価にも表れています。すなわち「相模守《さがみのかみ》殿こそ善知識《ぜんちしき》よ」（九一六頁・九七一頁）と。日蓮の竜の口の法難・佐渡流罪の最終決定をした執権・北条時宗を善知識というのです。ふつう善知識とは「仏になるみちは善知識にはすぎず」（一四六八頁・一〇六五頁）とあるように仏道に導いてくれる人を指しています。日蓮から見れば法難の首謀者《しゅぼうしゃ》さえありがたい存在に転じてしまうのです。

　それは釈迦に敵対し続けた提婆達多《だいばだった》を次のように位置づけているのと同様の考え方に立っています。「釈迦如来《にょらい》の御ためには提婆達多こそ第一の善知識なれ、今の世間を見るに人をよくな《成》すものはかたうど《方人》よりも強敵が人をば・よくなしけるなり」（九一七頁・九七二頁）と。

日蓮は、「諸《もろもろ》の悪人は又善知識なり」（九六二頁・六二〇頁）ととらえ、法華経の行者となれたのも、迫害してきた人々がいたからだと考えるのです。

「日蓮が仏にならん第一のかたうどは景信《かげのぶ》（小松原の法難の首謀者）・法師には良観・道隆《どうりゅう》・道阿弥陀仏《どうあみだぶつ》（竜の口の法難で日蓮を陥《おとしい》れようとした僧たち）と平左衛門尉（日蓮を生涯敵視した権力者）・守殿《こうどの》（北条時宗）ましまさずんば争《いかで》か法華経の行者とはなるべきと悦《よろこ》ぶ」（九一七頁・九七三頁）という通りです。

この一節は敵対したものに屈せず、ついには打ち破った結果として初めて言える人生の勝利宣言であることがうかがえます。悪に負けてしまえば悪は悪のままです。悪と積極的に主体的に立ち向かい、乗り越えていって初めて、悪は善への道を開く存在であると大きな境涯からとらえることができるのです。

こういう対立する二つを区別しない考え方を仏法では「即《そく》」の字で説明します。「煩悩即菩提《ぼんのうそくぼだい》・生死即涅槃《しょうじそくねはん》」（一三三八頁・五二四頁）というのもこの発想に基づいており、心の四苦ともいうべき「煩悩」も、「煩悩」あってこそ「菩提」が実現し、身の四苦ともいうべき「生死」あってこそ「涅槃」が実現するのです。ものごとを初めから二つに分断して是非を論じるのではなく、非をむしろ生かして是につなげるという心の広がりをもつプラス思考なのです。

だから、苦は人生にとって避けることができないものではなく、輝きの人生を送るためにはなくてはならない、実にありがたいものだということができます。

生老病死への道は肉体の無常を表現していますが、大事なことは、無常の前に無抵抗で非力を自覚し時の流れのままに一生を過ごすという受け身の人生ではなく、有限なこの身を、限られたこの一生を、どう生き、どう荘厳させていくかという心構えにあるのです。心次第で人生は歓喜の人生に変えていける、それはまさに「難即悟達《なんそくごだつ》」の人生観そのものなのです。

第二章

日蓮仏法に脈打つ「仏法の真髄」

釈迦の仏教に魅力《みりょく》があるのは、すばらしい教義体系が備わっているからなのでしょうか。そうではなく、釈迦の民衆を思う深い慈悲《じひ》の心と、民衆を幸せにするために智慧をふりしぼって説法し続けた姿に多くの人が惹《ひ》かれたのだと思うのです。

同様に、日蓮の仏法の魅力は、体系化された教義にあるというより、苦しみにあえぐ民衆の姿を直視し、門下との真心の対話を重ね、打ち続く法難を乗り越えていった「ふるまい」にあると思うのです。

どこまでも現実の大地に根を張り、人間としての生き方、ものの見方、自分の内面の心のとらえ方を、ふるまいを通して教示していったのです。

「釈尊の出世《しゅっせ》の本懐《ほんかい》は人の振舞《ふるまい》にて候けるぞ」（一一七四頁・一三九六頁）との名言を残した日蓮ですが、日蓮仏法で説かれた内容もまたふるまいも、慈悲と智慧に根ざした仏法の真髄《しんずい》が脈打っていることを知るべきでしょう。

万人に開かれた「日蓮の仏法」

日蓮は、竜《たつ》の口《くち》の法難以後、法の具現化《ぐげんか》に着手《ちゃくしゅ》します。本尊を書き顕《あらわ》したのです。これによって一切衆生《しゅじょう》成仏の根本の法である南無妙法蓮華経を本尊に向かって唱えるという基本の修行形態が明確となったのです。だから日蓮の仏法というのはきわめて単純明快だということができます。

それなのに日蓮以後、分派《ぶんぱ》がくりかえされ多数の日蓮系教団が成立し、今日まで続いています。分派の原因は、日蓮教義の解釈の相違によって起きている場合が多いのですが、その教義論争はけっして本質的な問題ではなく、瑣末《さまつ》な争いに終始しているような気がしてなりません。

もともとはだれにでもわかる幸せの方程式であったはずなのに、民衆不在の難解な哲学論争にしたのは後継の人々の我義《がぎ》によっているのです。

しかも、よくよく調べてみると人間関係の破綻《はたん》からくる派閥《はばつ》の形成にすぎない場合が少なくありません。つまりたいていの場合、主導権やポストをめぐる人間関係の対立が主な原因であって、それが日蓮理解の違いをめぐる教義論争上の対立にすり替わっているだけなのです。

日蓮は異体異心《いたいいしん》と団結を乱す破和合僧《はわごうそう》に対しては厳しく諫《いさ》めています。その観点からもう一度分派の歴史を評価し直す必要があります。つまり、どういう場合が分派もやむを得ないと言えるのかをです。

結論からいえば、それはやはり「日蓮の心」に適《かな》っているかどうかが分かれ目になるのです。日蓮の心に違背《いはい》しているのならば、それこそが異体異心であり、破和合僧、さらには師違背《しいはい》となります。だから南無妙法蓮華経を本尊に向かって唱えていたとしても、日蓮の心に違背している者とはたもとを分かっても、けっして非難されることはありません。むしろ非難されるべきは師違背の者たちです。違背する者と異体同心である必要はまったくなく、離れても団結を乱す破和合僧とはなりません。

日蓮が示した成仏の方程式は本尊への唱題です。問題はどういう心で唱えるのか、つまり日蓮の心に適った唱題なのか、実践なのかが非常に重要になってくるのです。

ではその日蓮の心とは何か、そもそもこの本はそれを明かすために書いているわけで一言で言い表せるものではありませんが、あえていえば日蓮の心のおきどころは、南無妙法蓮華経を人生の根本に据《す》え、南無妙法蓮華経に身命《しんみょう》を懸《か》けていく一点にあったといえると思います。そのような思いをふるまいの上に現すことによって師の心が体現されるのです。これ以外に複雑なことはなんにもありません。要は南無妙法蓮華経に命を懸ける生き方に尽きるのです。

「仏になる道は必ず身命をすつるほどの事ありてこそ仏にはなり候らめ」（八九一頁・五一〇頁）というように、命がけの信心なくしては日蓮の心に通じることはできないのです。だから日蓮の仏法は修行形態の平易《へいい》さと実践修行の困難さを併せ持っているといえます。

これは教義の問題ではありません。生き方の問題なのです。生き方が日蓮と離れてしまえば、すでにそこには日蓮の心が失われたにせものの信心があるだけです。当然日蓮の心と違えば南無妙法蓮華経の法の力が発揮されることはありません。

要は「日蓮の教え」よりも「日蓮の心」が肝心《かんじん》なのです。

それを「教え」を表に立てるから「教義論争」と化すのです。たとえば「本当の日蓮の心」を受け継ぐのはただ一人だけ、つまり唯授一人《ゆいじゅいちにん》などと言ってしまえば、「今日蓮」とか「日蓮の相承者《そうじょうしゃ》」などといって特定の人を特別視したり、最後には絶対化することにつながりかねません。だれか特別な人がいて、その人を通さなければ幸せにはなれないという論理は日蓮仏法では絶対に成り立たないのです。どこまでも日蓮門下は日蓮のもとに皆平等であることを知るべきです。

「日蓮の心」を知る者はだれもが皆「真の弟子」なのです。

松野殿という門下がある時、師に次のような質問をしています。「聖人の唱えさせ給う題目の功徳《くどく》と我れ等が唱へ申す題目の功徳と何程《いかほど》の多少候べきや」（一三八一頁・一二六五頁）と。

これに対する師の答えは「勝劣《しょうれつ》あるべからず」（同頁）と明言しています。続いて「但し此の経の心に背《そむ》いて唱へば其の差別有るべきなり」（一三八二頁・一二六五頁）とただし書きで「経の心」に背いている場合は平等ではないと述べています。「経の心とは」「南無妙法蓮華経の心」であり、それを体現した日蓮の心に他なりません。

だから日蓮の仏法は、万人が妙法のもとに平等であり、万人に開かれたものなのです。心構えと実践さえ伴《ともな》えば、だれでも幸せをつかめるという日蓮の心の原点に立ち返るべきなのです。

唱題の姿勢

唱題の実践は、願いをかければなんでも叶《かな》うというようなご利益信仰のためにあるのでも、苦しみからのがれたい一心で助けを求めるというようなおすがり信仰のためにあるのでもありません。それではずいぶん身勝手で調子のいい信心利用になってしまうのです。そのために日蓮が唱題行を説き、本尊を顕したとするのではかえって日蓮の心から離れた信仰とならざるをえません。

むしろ悩み、苦しみと戦い抜き、打ち勝って自分の境涯を開いていくために信仰があるのです。そのためには勇気を持って壁にぶつかることが肝要です。勇気は勝利の前提条件です。挑戦する勇気なくして、苦難との戦いは始まりません。日蓮の書簡を読むと勇気ある信心を強調していることがわかります。「ふかく信心をとり給へ、あへて臆病《おくびょう》にては叶うべからず候」（一一九三頁・一六八六頁）と、悩み、苦しみが深ければ深いほど、弱気になりがちですが、打ち勝つために真剣な唱題を実践することにより、ふつふつと挑戦への勇気が湧《わ》き上がってくるのです。

日蓮は「師子王《ししおう》の心」ということもくりかえし強調しています。「師子王は百獣《ひゃくじゅう》にをぢず・師子の子・又かくのごとし」（一一九〇頁・一六七四頁）という百獣の王・師子はその勇猛《ゆうもう》さにおいては他の追随《ついずい》を許さない王者の風格があります。「師子王の如《ごと》くなる心をもてる者必ず仏になるべし例せば日蓮が如し」（九五七頁・六一二頁）とも述べています。そのようななにものをも恐れない勇猛な師子の姿を信心になぞらえて、勇猛精進《ゆうみょうしょうじん》の信心こそが成仏の直道《じきどう》だといっています。とても越えられそうもないような大きな壁が立ちはだかっていても、師子王のような勇猛果敢な心構えを持続して初めて人間としての勝利の実証を示せるのです。

唱題がもたらすものは勇気だけではありません。勇気は打開の第一歩であって、そこから目の前の壁をどうすれば乗り越えられるのか。乗り越えるためにはどういう行動をとればいいのか、という智慧が湧いてくるのです。

仏法では六波羅密《ろくはらみつ》という菩薩《ぼさつ》の修行を説いています。布施《ふせ》・持戒《じかい》・忍辱《にんにく》・精進・禅定《ぜんじょう》・智慧の六つですが、智慧が一番最後にあります。だから仏法で説く智慧は世間的な知恵ではなく、菩薩から仏への最高境涯へ通じる成長への実践の道なのです。唱題を通して湧き上がる智慧と、経験を通して考え出した方策では大きな違いがあります。ともに難局《なんきょく》を前に懸命《けんめい》に打開に向けて行動する点では同じに見えますが、智慧には菩薩の心が通っていなければなりません。自分を苦しめている壁が人である場合、それを揺《ゆ》り動かすものは心ある対応に尽きると思います。言葉巧《たく》みに相手を説得して難局をしのいでも、それは一時しのぎにすぎません。一難去ってまた一難、同じような苦しみにあえぐことがくりかえされることになります。

心が通じれば相手も心の扉を開く。実に菩薩の実践における智慧は、相手にも菩薩の心を引き出すことができるのです。その意味で唱題は落ち込み悩むせまい境涯から菩薩の心を湧きださせて、難局にぶつかっていく広い境涯をもたらすのです。

「末法《まっぽう》に入て今日蓮が唱《となう》る所の題目は前代に異り自行化他《じぎょうけた》に亘《わた》りて南無妙法蓮華経な

り」（一〇二二頁・一八六四頁）という通り、自らのためだけの唱題ではなく、人のためにも祈っていくことが強調されているのです。

これは他力本願《たりきほんがん》の心とはまったく違います。他力本願とは自分の非力を認めるあまり仏の力にすがる姿勢をいいます。それでは人間としての成長は望めません。難局を越えるのは相手の出方次第、すべては相手が変わってくれるかどうかだ、などというのもある意味で他力本願です。

境涯を広げゆく唱題行の姿勢を忘れてはならないのです。自行化他の自行とは自身の成長のための実践をいいます。解決に向かって智慧をしぼり出すのはあくまでも自分です。相手を変えるのは自分なのです。そのためには自分が変わることが前提です。自分をより広い境涯へと変革していく、そのための唱題だといえるでしょう。

また、日蓮は願いが叶う信心には四つの条件が必要だとして次のようなたとえを挙げています。

「譬《たと》えば高き岸の下に人ありて登ることあたはざらんに又岸の上に人ありて縄をおろして此の縄にとりつかば我れ岸の上に引き登さんと云はんに引く人の力を疑い縄の弱

からん事をあやぶみて手を納めて是をとら《取》ざらんが如し争《いかで》か岸の上に登る事をうべき、若し其の詞《ことば》に随ひて手をのべ是をとらへば即《すなわ》ち登る事をうべし」（四六四頁・二七九頁）

　高い岸の上に登ることは成仏を指していますが、到達するためには頂上にいる人がなわをしっかりと握って放さないことを信じ、なわも絶対に切れない強さを持っていることを信じる、あとはなわを頼りに自分の力で登っていく、それらがそなわって頂上に登ることができるといっているのです。これは頂上にいる人（仏力《ぶつりき》）と、なわ（法力《ほうりき》）を信じて（信力《しんりき》）登る（行力《ぎょうりき》）ことによって頂上に達する成仏への四つの条件――四力《しりき》を例えているのです。

　仏力と法力はある面では他力ということもできます。信力と行力は自力といっていいでしょう。その意味で四力を条件とする日蓮仏法は、自他共力《じたぐりき》の宗教ということができるでしょう。本尊（仏力）と妙法（法力）を信じて（信力）唱題（行力）する時、四力が具足《ぐそく》して所願満足《しょがんまんぞく》となるのです。

　師子王のような勇猛の心を引き出す唱題、自行化他にわたる唱題、四力具足の唱題であれば祈りはかならず叶う、すべては唱える側の姿勢にかかっているのです。

菩薩の心

鎌倉時代、基本的な上下関係は「主従《しゅじゅう》」や「親子」があったわけですが、「主」には所領《しょりょう》や恩賞《おんしょう》（御恩）を受けていたことに対して忠《ちゅう》（奉公《ほうこう》）の道を貫《つらぬ》き、「親」には育ててくれた恩や所領を相続されることに対して孝《こう》の道を貫くというのが人としての生き方でした。

しかし、人間というのは、そのような尽くすことによって対価を得るというような世俗《せぞく》的な人間関係ではなく、もっと純粋に利害を超えた人間関係にどこかあこがれているものです。それこそ宗教的な「師弟」関係だったといえるのです。当時の人々は今もそうですが、言い知れぬ不安を抱きながら日々の生活を過ごしていました。

鎌倉武士やその女房たちは、余生《よせい》を仏門に入って来世を期すというのが通途《つうず》の生き方でした。その導き役の師僧《しそう》を見つけ、法名《ほうみょう》（あるいは法号《ほうごう》ともいう。死後戒名《かいみょう》ではなく生前にもらう）を授かり、その指南《しなん》に従って人生の総仕上げをしようというものでした。だからこのような「師」は、「主」や「親」とは違い、目に見えない「心」の安心《あんじん》と常住《じょうじゅう》観を満たしてくれる存在だったのです。職場の「主」とも家庭の「親」とも違い、師僧は、いわば「人生の師匠」そのものだったのです。その「師」に対して、余生の生き方の指南を受け、報恩の代償として供養《くよう》を届けるという関係で成り立っていました。ただその風習はかなり形式化し、どこまで師僧に全幅の信頼を置いていたかは疑問です。

師僧の存在意義は不安を払い安心を与える「仏」と、無常《むじょう》を破り常住を説く「法」を明示するところにあります。「仏」と「法」に通達《つうだつ》した、聖の世界と俗の世界とを結ぶ存在だったといえます。

当時の人々の間で広まっていた「仏」と「法」は、現世の安穏《あんのん》のためには「大日如《だいにちにょ》来《らい》」と「真言祈禱《きとう》」が、入道や尼になると来世の往生極楽《おうじょうごくらく》を期すために「阿弥陀仏《あみだぶつ》」と「念仏」が信仰の主流になっていました。

また新来《しんらい》の禅も主に武家社会の中で信仰されていました。真言僧、念仏僧、禅僧などが師僧として崇《あが》められていたわけです。

しかし、これらの師僧たちは幕府やその有力者をパトロンのようにして、聖世界の切り売りのようなことをしており、「主従」や「親子」関係と次元の変わらない「師弟」関係の世俗化が進んでいました。権力便乗、権力依存、もっといえば師僧自身が幕府の宗教的職掌《しょくしょう》を担《にな》う御家人《ごけにん》と化していた時代だったのです。

おそらくこのような社会背景が、鎌倉時代、歴史に名をとどめる各宗の祖師《そし》たちの出現につながっていったのだと思います。その中で日蓮の生き方は、あるべき師僧としての条件を十分に備えていたのです。「仏」と「法」に通達する条件の面からいえば、日蓮は帰依《きえ》の対象をそれまでないがしろにされがちだった「釈迦」と「法華経」であると主張しました。

ここでむずかしい議論になりますが、この「釈迦」と「法華経」を立てるのはあくまで日蓮の思いの中では相対的な勝劣のために、あるいは人々の仏教受容の理解度に合わせた方便《ほうべん》として主張されたものだと思うのです。

つまり当時主流であった「大日如来」や「阿弥陀仏」などに対する「釈迦」と、「密教」や「浄土経典」などに対する「法華経」を提示して、優劣の上から「仏」と「法」を論じたということです。

しかし、日蓮は「さど《佐渡》の国へながされ候いし已前《いぜん》の法門は・ただ仏の爾前《にぜん》の経とをぼしめせ」（一四八九頁・一四四六頁）というように、佐渡期以後は「本尊」（日蓮自筆の曼荼羅《まんだら》）と「南無妙法蓮華経」への教導《きょうどう》に本意をおいているのです。

いずれにしても人々を成仏に導く「仏」と「法」を覚知した師僧としての条件を満たして日蓮は、まず「釈迦」と「法華経」の宣揚《せんよう》の途《と》に立ちあがったのです。

しかし、日蓮の説法を聞いた人々は、どうして師僧として日蓮を迎えたのか、これだけでは説明がつきません。日蓮の門下に連なるということは、それまでの師僧を替えるという思い切った決断が必要です。いったい門下は日蓮の何に魅力を感じ、入信を決意したのでしょうか。

幕府からにらまれ数々の迫害を受けても、日蓮を人生の師として信順《しんじゅん》していった多くの門下が輩出《はいしゅつ》した秘密は一体なにか。

それは現代的にいえば、目の前の人のために尽くす、そのためにはどんな労力をも惜しまないという相手を思う一念の強さが人々の心を動かしたのだと思うのです。

人間関係の基本は、まず自分がいて他人がいるという「自他」の区別からものごとは始まるものです。あくまで自分の人生ですから「自分」が中心であることは当然であり、「自分」に対して「他人」が何をしてくれるのか、何をしてほしいのか、と考えるのが普通でしょう。ところが日蓮の場合は他人より自分を優先するということがほとんど感じられないのです。つまり自分はこうしてあげるから、あなたは自分にこうしてほしいというような授受関係で接してはいないのです。あえていえば「与え尽くす」ことに徹《てっ》しているのです。

まさにそれは仏法でいう「慈悲の心」が行動としての「菩薩道」に現れた生き方といえます。菩薩のふるまいは利他《りた》、すなわち他を利することにあります。それは大乗仏教の精神そのものです。日蓮は「菩薩」について「六道の凡夫《ぼんぷ》の中に於て自身を軽《かろ》んじ他人を重んじ悪を以て己に向け善を以て他に与えんと念《おも》う者」（四三三頁・一七八頁）と定義づけています。

現代の私たちにとっては、なかなかこうはいきません。自分のために他人がある。自分の幸せのためには他人は二の次だ。いいことは自分に、悪いことは他人に。まるで鬼は外、福は内です。でもこれが人の世の常《つね》なのかも知れません。

それでもこのような菩薩の生き方は、心の中では自分もそうありたいとだれでも思っているのではないでしょうか。その菩薩の実践を貫いている人が現実に目の前に現れたら、驚嘆《きょうたん》し感銘《かんめい》を受けるでしょう。門下にとって日蓮という人は、まさにそういう人だったのです。それは従来の師弟観を破るような衝撃的な出会いでした。師に尽くす弟子というより、弟子に尽くす師のふるまいを通して、門下の人々は人間としての生き方を日蓮から教えられたのです。そういう師だからこそ、師弟のきずなは強く、共戦《きょうせん》の決意を固める本物の弟子が育っていったのです。

人は利害を超えて自分のために真剣に相談に乗ってくれる人、動いてくれる人には心を開くものです。作為《さくい》というものが微塵《みじん》もない菩薩の一念は、相手の心の奥深く貫く力があるのです。意識せずに「自身を軽んじ他人を重んじ」る心のあり様が備わっていた日蓮の境涯の高さが伝わってくるようです。

そのような利他に徹する日蓮の作為のない言動は、どこから生じていたのか、これを知ることも現代に生きる私たちには大きな関心のあるところです。

瞬間、瞬間を巡《めぐ》り来る苦悩の中で生きる私たちには一時的な菩薩道の実践はできても永続することは難行《なんぎょう》中の難行でしょう。

しかし、日蓮はそれを貫いた。なぜか。その心の奥底を探るのにヒントになる法華経の経文の一節があります。「不自惜身命《ふじしゃくしんみょう》」（自ら身命を惜しまず・寿量品《じゅりょうほん》）「我不愛《がふあい》身命但惜無上道《しんみょうたんしゃくむじょうどう》」（我身命を愛せず但だ無上道を惜しむ・勧持品《かんじほん》）がそれです。

自分の命を軽んじるというのは誤解を招きやすい表現ですが、人の命は仏法によって生かされており、仏法への信順、帰命《きみょう》こそが命の生かしどころととらえるのです。また法華経ではありませんが「身軽法重《しんきょうほうじゅう》」（身は軽く法は重し・章安《しょうあん》の「涅槃経疏《ねはんぎょうしょ》」）、「死身弘法《ししんぐほう》」（身を死《ころ》して法を弘む・同）という一節もあります。法のためにわが命を、人生をかける。日蓮の仏法への態度はそこまで徹底していたのです。

もとより人の命は軽いはずはありません。「命をば三千大千世界にても買はぬ物にて候と仏は説かせ給へり」（一〇五九頁・一六五四頁）、「一日の命は三千界の財にもすぎて候なり」（九八六頁・八六三頁）、また「いのちと申す物は一切の財の中に第一の財なり」（一五九六頁・一二六一頁）と命の大切さは、日蓮がくりかえし強調するところでもあります。

それこそ現代的にいえば、地球の重さよりも重い一個の生命なのであり、生命の尊厳は日蓮仏法の骨格をなしているといっても過言ではありません。

「人間に生を受けて是れ程の悦《よろこ》びは何事か候べき」（九三七頁・一二三六頁）とも言っています。しかし、せっかく人間として生まれても、命を惜しむあまりに人生を誤ったり、つまらないことで命を失うのであれば、これほど空《むな》しいことはありません。大事なことは命の使い道、つまり使命のおきどころにあるのです。

日蓮ははっきりと言い切っています。「世間の浅き事には身命を失へども大事の仏法なんどには捨る事難《かた》し故《ゆえ》に仏になる人もなかるべし」（九五六頁・六一一頁）と。これは当時の普通の人が考える人生観とはかなり違ったものでした。それは宗教的な人生観の究極を指し示しているといってもいいでしょう。

そして、日蓮の偉大さはその考えを貫き通したところにあります。「命限り有り惜《おし》む可からず遂《つい》に願う可きは仏国也」（九五五頁・五一七頁）、「命を法華経にまいらせて仏になり給う」（一二九九頁・一二五二九頁）等々、「法」に生きる生涯こそ、真に「命」を生かす人生ととらえたのです。

行動の原点にこの人生観を据えていたからこそ、「自身を軽んじ他人を重んじ」る菩薩道の実践は、自然の発露《はつろ》として作為なしに人々に接することを可能にしたのです。根源的な衆生救済の法を覚知した日蓮の生命の使いどころは、「死身弘法」そのものだったのです。

日蓮の魅力は、このような今まで出会ったことのない人生観を、真剣に確信に満ちて他意なく語り、人に接するふるまいにあったといえるでしょう。

「開目抄」の心

「開目抄《かいもくしょう》」は日蓮の数ある著作の中でも重書の一つで、題号は日蓮自らが命名《めいめい》したものです。日蓮自身が命名した著作は実は非常に少なく、はっきりしているだけでも十三編しかありません。

ここでいう「開目抄」の「目を開く」の意味を考える場合、仏法の目と世間の目の二つのもののとらえ方を知る必要があります。

世間の「目」とは、普通一般にいうものの見方を指します。これは、一言でいえば「現世安穏」を目的とする生き方となります。人間ならだれでもが求める「現世安穏」、それは健康で一家和楽《いっかわらく》で経済的にも豊かな生活・人生といえるでしょう。しかし日蓮は、そういう「目」に見える幸福を「現世安穏」とはとらえない。

このような世間的な幸せから得られる境涯は、仏法でいう天界《てんかい》の喜びにすぎません。それならば自身を鍛え、努力を積み重ねればそれ相応に得られるのであって、仏法がなくても外見上は満たされている人はいくらでもいます。

仏法がめざすものはそのような天界の境涯ではありません。所詮《しょせん》、天界は無常の世界なのです。けっして長続きはしません。いつかは崩れてしまう「現世安穏」は本当の「現世安穏」とはいえないのです。

仏法では天界には自分を守ってくれる諸天善神《しょてんぜんじん》もいれば、不幸へと足を引っ張る魔も住んでいると考えます。魔の最たるものは、天界の支配者である第六天《だいろくてん》の魔王《まおう》です。日蓮は、門下が知らず知らずのうちに天界を目的に信心の実践をしていることが、「閉目」すなわち仏法の眼《まなこ》を閉じてしまっていることを気づかせようとしたのです。天界をめざす信心は、所詮第六天の魔王の支配から脱することはできません。魔は衆生が天界以下の境涯にあるかぎりは襲ってはきません。襲わなくても衆生は自分で六道を循環し続けるからです。しかし、いったん天界から脱して境涯を高めようと信心に励むと、魔はその支配下に引きもどそうとして激しい苦難を浴びせ始めることになるのです。

この魔の働きが仏法の実践者を襲うのを「法難」といいます。もちろん魔といっても悪魔のような存在をいうのではなく、人間を六道の境涯に閉じこめようとする人間が本来持っている生命の働きをいいます。だから魔の働きに勝たずしては本当の「現世安穏」は得られるはずがないのです。

諸天善神はその住処を天界とし、六道を脱し菩薩、仏の境涯をめざす衆生の生命を守る働きを役割としています。境涯を高めるために仏法の実践をする者の後押しをし、味方をすることには違いがありませんが、諸天善神によって境涯が高まるわけではありません。諸天の加護《かご》があるかないかを問題にする信心はやはり天界をめざす信心と変わりがなく、自分も変わることができないのです。

実に「開目抄」の「天の加護なき事を疑はざれ現世の安穏ならざる事をなげかざれ」（一二三四頁・六〇四頁）とは、天界をめざすような信心の姿勢を打ち破れ、という日蓮の警鐘《けいしょう》を端的に表現したものといえるでしょう。

であるなら本当の「現世安穏」とは何か。それは、この仏法に人生を託《たく》し、揺るぎない自己の確立をめざすことによって得られる安心立命《あんしんりつめい》の境涯といえます。そこに自然と備わってくるものが本当の「現世安穏」なのです。

世間的な通途の幸福観を追い求める「閉じた目」から、仏の眼へと「開かれた目」によって確立される仏法の幸福観への転換、それこそが日蓮の「開目抄」の心といえるでしょう。

発迹顕本の心

日蓮は竜の口の法難、佐渡流罪《るざい》という具体的な形で現れた未曽有《みぞう》の迫害を通して、仏法の眼すなわち「仏眼《ぶつげん》」を体得するに至ります。迫害の中に、仏法の法難の構造と本質を見抜いたといってよいでしょう。実に文永《ぶんえい》八年九月から十一月の佐渡配流《はいる》までの三か月間は、日蓮にとってその生涯最大の苦難に直面し、弟子檀越《だんのつ》にとっても信心を持続するか否かの最大の岐路《きろ》に立たされていました。

日蓮仏法の本質を見極めようとするなら、まさにこの時期の日蓮の「心」と門下の「心」とを対比することによって浮き彫りにされてくるといえます。

まず、門下の「心」は、日蓮が死罪相当ともいえる佐渡に流罪されてしまったという厳しい現実と、自分に降りかかってくる迫害への不安と恐怖に、動揺の極《きわ》みに達していました。この時、日蓮について信心を続けてきた門下のほとんどが決断を迫られていたといっていいでしょう。

それまでの比較的平穏《へいおん》な中での門下たちの信心の姿勢は、大きく次の三つのタイプに分かれていました。信仰にまじめに取り組む人、信心があるのかないのかよくわからない人、退転《たいてん》していく人の三つです。しかし、「まことの時」（一二三四頁・六〇五頁）つまりその人の信仰の真価が問われるような重大な局面に立たされると、やり抜くか、やめるかのどちらかにはっきり分かれるようになります。その人の信心の本質、信心に対する姿勢が明確になるのは、このような「いざ」という時なのです。師が幕府の断罪《だんざい》を受け、迫り来る日蓮教団に対する過酷《かこく》な迫害に直面した門下にとって、不《ふ》退《たい》か退転かの正念場を迎えたのです。

その中で、言い知れない不安に包まれながらも師とともに持続の信心を貫こうとするまことの弟子もけっして少なくありませんでした。それはまさに命がけの信心に立つ勇気ある決断でもあったのです。しかし、実際は退転していく門下が後を絶《た》ちませんでした。退転者たちは、やがて師への疑い、さらには批判へと進み、退転の正当化に走りました。その行動は、仏法と世間法の間に立って、どちらをとるかのむずかしい決断と考えられがちですが、そうではなかったのです。初めから世間法を中心に生きている人が、仏法に縁して実践しても、ものごとを判断する基準は少しも変わっていないからでした。

所詮、退転者にとっては自分をどう正当化しようと、仏法は世間的な幸福観を満たすための一つの手段にすぎなかったのです。この時岐路に立たされていた門下が退転の道を走ったのは、世間的幸福を失ってまで実践する価値を信仰に見いだすことができなかったからに他なりません。

竜の口の法難は、直接的には日蓮への法難でした。しかし、日蓮の佐渡流罪は、教団の存亡に関わる法難でもあったのです。だから日蓮は、流人《るにん》という厳しい制約を受ける身にありながら、残った門下への全魂《ぜんこん》込めた著述・消息《しょうそく》を遠隔《えんかく》の地・佐渡から立て続けに発信しています。それらは門下自身の信心の自立を促《うなが》す日蓮自身の戦いでもあったのです。

まず、そのためには門下の中にも広がりつつあった「疑い」を晴らすことが先決でした。その「疑い」とは、「法華経の行者・日蓮」と声高らかに仏法弘通《ぐつう》の指揮をとってきた日蓮にあるべき諸天の加護もなく、なぜ佐渡に流されてしまったのかという目に見える現実から出てきたものでした。

しかし、日蓮はこの疑いを仏法の眼からとらえて、根本的な問題提起をし、自問自答しています。すなわち諸天の加護がなかったということは、日蓮は法華経の行者ではないということになり、それでも法華経の行者だと強言《ごうげん》すれば、釈迦がうそつきということになってしまう。どちらをとっても立宗宣言《りっしゅうせんげん》以来およそ二十年間にわたって積み上げてきたすべての所行《しょぎょう》が崩れ落ちていくような、自身の存在そのものの是非《ぜひ》を問う状況に立たされたのです。

「開目抄」の述作の動機を「此の疑は此の書の肝心」（二〇三頁・五六頁）と日蓮自身が述べている通り、疑いを晴らすことなしに次の段階に進むことはできなかったのです。

日蓮は竜の口の法難以前までは法華経の行者として、その説相《せっそう》通りに修行をし、その教主である釈迦の出世の本懐である法華経を根本として不屈の戦いを幾度となくくりかえしてきました。それは、法華経と釈迦にこの身を任せ、法華経の行者・日蓮としての確認作業をする戦いを重ねてきたといってよいでしょう。

しかし、法華経の行者にあるべき諸天の加護がないとなれば、法華経の行者としての資格が釈迦と法華経によって認められないことになります。世間といい、門下といい「疑い」が起こって当然だったのです。

「但《ただ》し世間の疑といゐ自心の疑と申しいかでか天扶《たす》け給わざるらん」（二〇三頁・五六一頁）と。ここでいう「自心の疑い」とは何を指すのでしょうか。本当に日蓮は自分を疑っていたのでしょうか。「日蓮の心」に深く迫っていくかぎり、それは違うと思います。

「竜口《たつのくち》に日蓮が命を・とどめをく事は法華経の御故なれば寂光土《じゃっこうど》ともいうべきか」（一一一三頁・五〇四頁）という表現は日蓮の「発迹顕本《ほっしゃくけんぽん》」（仮の立場を廃し、本当の立場を顕すこと）を指す言葉とされていますから、竜の口の法難を乗り越えたことによって日蓮自身の宗教的な存在の意味を自覚したことは動かせません。

何を自覚したのか。それは自らが宣言した南無妙法蓮華経の偉大さを証明したのは、末法においてこの日蓮一人であるというものでした。末法の法華経である南無妙法蓮華経に偉大な力用《りきゆう》があるならば、それを説いた人師《にんし》は、末法の正師《しょうし》としての資格を有することになり、自身こそ末法の正師であることを確信するに至ったのです。竜の口の法難を乗り越えたことによって、末法における正法《しょうほう》・正師の出現が確認されたことになったのです。

そのような末法万年にわたる正法・南無妙法蓮華経を証明し、末法の正師としての自覚を得た日蓮から見れば、もはや説いた釈迦も説かれた法華経もその使命は果たされたことになるのです。実に日蓮の発迹顕本とは、釈迦と法華経をよりどころにし、生きる指針にしていく人生から、釈迦も法華経も所詮は末法の正法・正師のためにこそあるという主客《しゅきゃく》の転換を意味するのです。つまり発迹顕本を境として釈迦・法華経に育《はぐく》まれてきた日蓮から、釈迦・法華経をも自在に展開する末法の正師へと転換をしたといってよいでしょう。

だから「日蓮無くば釈迦・多宝《たほう》・十方《じっぽう》の諸仏の未来記は当《まさ》に大妄語《だいもうご》なるべきなり」（一四〇頁・六三九頁）という表現は、けっして自画自賛《じがじさん》の気持ちから出てくるのではなく、日蓮の出現によって釈迦の大妄語は回避《かいひ》されるという末法の正師としての自覚が、このような表現をさせたというべきでしょう。

同様に「天も捨て給え」という表現は、もはや法華経の行者への諸天の加護を説く法華経の枠《わく》に収まらない立場、つまり末法の正師との自覚が行き着いた結論表現になっているのです。

だから「自心の疑い」というのも自己の存在を疑っているのではけっしてありません。疑っているのであれば、竜の口の法難以後、佐渡流罪の逆境《ぎゃっきょう》の渦中《かちゅう》に、信仰の対象となる本尊を顕すことはできないはずです。疑うどころか、絶対の自信に満ちあふれているからこそ、竜の口の法難以後本尊を顕し始めたのです。帰依の対象を具現化するということは、末法の正師たる自覚なしにはできないことなのです。

当時、帰依の対象といえば、仏像が一般的でした。したがって信仰の対象は仏であることが普通だったのです。

しかし、日蓮の本尊は、中央の首題《しゅだい》として南無妙法蓮華経が書かれていて、釈迦をはじめ十界の衆生たちが首題のまわりに配されています。釈迦仏はその左側に位置して書かれています。これは明確に妙法蓮華経という法への帰依を意味するもので釈迦仏が帰依の中心ではありません。

日蓮のこの世に出現した目的は、南無妙法蓮華経の流布《るふ》の一点にあります。一切衆生を救う根源の一法こそ南無妙法蓮華経であることをつかみとった日蓮は、その弘通の生涯を貫いたのです。約二十年にわたる長い修学《しゅうがく》期間を通して、つかみ得た南無妙法蓮華経を三十二歳の時に初めて公《おおやけ》に宣言しました。そして、その正しさを証明するために十八年間にわたって法難の嵐に身をさらし見事に乗り越えていったのです。特に生涯最大の法難であった竜の口の法難を越えた時、証明を果たしたととらえたのです。

「持たるる法だに第一ならば持つ人随って第一なるべし」（四六五頁・二八〇頁）というように、南無妙法蓮華経こそ末法の人々を救う第一の法であることを身をもって証明した日蓮は、第一の末法の正師として、その題目を唱える帰依の対象である本尊を具現化するに至ったのです。

本尊はこの南無妙法蓮華経の具現化だったのです。末法の法華経を南無妙法蓮華経ととらえ、宣言し、その証明をし、最後に具現化し、流布していく。その道程は南無妙法蓮華経に生きる生涯で終始一貫していたのです。

現世の信心こそ第一

信仰にとって信じる心は不可欠です。およそ「信」を説かない信仰など成り立ちません。日蓮は「信は道の源《みなもと》功徳の母」(九七頁・三四頁)だと言います。信を信仰の出発点に位置づけ、功徳は信から生まれるものだというのです。人生も同じで、信から出発することが、自分を成長させ社会の中で成功する秘訣《ひけつ》なのです。

信の一字を含む熟語を考えれば、信がいかに人生にとって大事なのかがわかります。「信念」のある人は強い。「信条」を持つ人の生き方はりっぱです。「確信」に満ちあふれる言動は人を感化する。「自信」を持って臨む人は困難を打開する。このように「信」は自分を広げる活力のもとになっているのです。さらに「信頼」は人間関係を円滑にする。「信用」は社会的立場を築く大事な条件です。ついでに、信じる者は救われるといいますが、信じる者は「儲《もう》」けることもできるのです。総理大臣にだって信任・不信任と信の字は使われています。

だから「信」なき人生は成長も成功も得られないといっても過言ではないのです。
しかし、「信」で気をつけなければならない点は、何を信じるのかで人生も大きく変わるということです。信じる対象が自分を不幸にしたり、だめにするものであれば人生はめちゃくちゃになりかねません。

日蓮はそのような人生をだめにする信の対象として、四つの宗派を挙げ、その本質を次のように示して批判しました。念仏無間《ねんぶつむけん》、禅天魔《ぜんてんま》、律国賊《りつこくぞく》、真言亡国《しんごんぼうこく》というい わゆる四箇《しか》の格言《かくげん》がそれです。もとより日蓮の出発点は法華経による衆生救済にあったので、衆生を不幸に陥《おとしい》れるものへは強い対決姿勢を貫いたのです。

日蓮はなぜこの四宗と対決したのでしょうか。

それは当時の人々が自分の人生を預ける師として信奉《しんぽう》していた僧侶たちが、おもにこの四宗に立っていたからです。

四宗はある意味で相互不可侵《そうごふかしん》の共存体制を敷いていたといえます。

来世の往生を願う人々には念仏が、武士の習いをまっとうするために精神修養を必要とする人々には禅が、余生を戒《かい》を持って入道し善根《ぜんこん》を積むことを求める人々には律が、幕府の安泰、家の繁栄などを祈禱に頼って満たそうとする為政者《いせいしゃ》たちには真言がそれぞれ用意され、人々のさまざまな宗教的需要に応えられるような一種の役割分担が機能していたといえます。この構造に風穴《かざあな》を開けようとした日蓮に対して、体制の擁護《ようご》を受けた鎌倉仏教界から激しい日蓮つぶしが起きるのは当然でした。

このうち最も影響力を持っていたのは、幕府の絶大な庇護《ひご》を受けていた真言でした。幕府の精神的支柱であった鶴岡八幡宮《つるがおかはちまんぐう》の別当《べっとう》が真言僧であったことがそのことを雄弁に物語っています。だから鎌倉の念仏僧たちも、浄土宗の開祖・法然《ほうねん》の専修念仏《せんじゅねんぶつ》から離れ、真言色を帯びるようになっていました。晩年の日蓮が最も力を注いだのが真言批判であったのは真言密教の隆盛が背景にあったからです。「真言等の流れ偏《ひとえ》に現在を以て旨《むね》とす」(一二〇九頁・四一九頁)というように、現世における信心を第一とする日蓮仏法とはまっこうからぶつかりあう体質を持っていたのです。

さて四宗は今述べたように、来世観、処世観、出世観、現世観の需要に応じた供給体制を敷いて共存共栄を図っていました。日蓮は、当時の人々がこのような体制化しつつあった仏教界の構造の中に身も心も預けて、知らず知らずのうちに不幸に陥《おちい》っていくことを見過ごすことができなかったのです。四箇の格言に込められていた思いは、あくまでも民衆救済に本意を置いたものだったのです。

その上で、当時の人々のために日蓮は法華経をよりどころとする唱題専修の仏法を提示したのです。そしてその信仰は、現当二世《げんとうにせ》（現世と来世）にわたる所願満足をめざすものでした。まず大事なのは現世をどう生きるか。よく生き、よく老い、よく病み、よく死ぬ、この生老病死の四苦を嫌うのではなく、しっかりと受け止めてこれらを揺るぎない自身の成長の因として向かい合う。それで初めて願う通りの来世を期すことができると考えるのです。現実を切り開くことによって来世も開かれる。現実生活における勝利なくして来世は望むべくもない。だからどこまでも現世における信心が第一と考えたのです。

第三章

門下の育成にみる「師の心」

日蓮文書、特に手紙類を読んでいくと、門下が人生の途上でぶつかるさまざまな悩みを解決するために、真剣に師・日蓮に指導を求めていることがわかります。教義上の質問よりも、そのほとんどが生活に根ざした身近な悩みなのです。だから現代に生きるわたしたちにも通じる悩みであることが多く、どうとらえるか、どう立ち向かえばいいのか、どう乗り越えていけばいいのか、多くの示唆《しさ》に富《と》んだ内容が含まれているのです。

日蓮の生涯にとって、最も力を注いだのは門下の教導にあったといっても過言ではありません。その意味で日蓮の心を最もよく読み取れるのは、日蓮と門下との師弟の交流にこそあるといえるでしょう。

本章では門下を思う「師の心」、そして師を思う「門下の心」に迫りながら日蓮仏法における師弟について考えていきたいと思います。

師の指導を伝える

師弟について今までは師・日蓮の立場から見た師弟観を中心に考えがちでした。それは門下が残した文書がほとんどといっていいほど伝わっていないため、弟子の師に対する思いがよくわからないからです。しかし、当時の門下は師をどのように思い、どのように師弟の道を歩《あゆ》んだのかということも、私たちにとっては関心のあるところです。どうしても日蓮が語る御書をもとにするしかありませんが、門下の師への姿勢にできるかぎり迫ってみたいと思います。

さて、話は佐渡流罪《るざい》に対して赦免《しゃめん》運動を起こそうとした富木常忍《ときじょうにん》についてです。行く手を阻《はば》む法難の嵐に屈《くっ》することなく立ち向かう師匠を思う時、弟子として何ができるか、何をすべきか。

いてもたってもいられなかった富木常忍は、真剣に悩んだ末、師の赦免運動への道を決断したのです。師からはたしなめられましたが、富木常忍の弟子としての姿勢は学ぶべきものがあります。赦免運動は失敗すれば自分も幕府に処罰され、千葉氏の被《ひ》官《かん》としての立場も所領《しょりょう》も失ってしまう。しかし、それも覚悟の上で富木常忍は命がけの行動に出ようとしたのです。日蓮門下の長老でもあり、中心者でもあった富木常忍は日蓮教団最大の危機を前に、とにかくなんらかの行動をとらずにはいられなかったのでしょう。そういう意味で責任感あふれる弟子であったといえます。

日蓮はその幾多の人生の分岐点《ぶんきてん》にあって、その時の心境《しんきょう》をまず富木常忍に知らせるようにしています。竜《たつ》の口《くち》の法難の二日後には「土木（富木）殿御返事」（九五〇頁・五〇三頁）を書いて法難の経過と心境を伝え、佐渡流罪途中の寺泊《てらどまり》（新潟県）からは道中の心境を「寺泊御書」（九五一頁・五一二頁）にしたため、赦免後、鎌倉から身延《みのぶ》に入山した時にも、その行程を記して「富木殿御書」（九六四頁・八〇九頁）を送っています。

また佐渡の流人《るにん》になって四か月目に、門下全体へ徹底周知するために書いた「佐渡御書」は「此文《このふみ》は富木殿のかた……」（九五六頁・六一〇頁）とあるようにまず富木常忍に送り、そこから諸方面に散在する門下に伝えるように指示を出しています。いかに日蓮の富木常忍に対する信頼が大きかったかがうかがわれます。富木常忍は日蓮より年上でしたが、人生の師と仰いだ時から信心の年輪を積み重ね、師の期待に応え、教団を支える重責《じゅうせき》をまっとうしていったのです。

富木常忍については、師の教えを後世に伝える重要な役割を果たしたことも忘れてはなりません。富木常忍は下総国《しもうさのくに》を実質知行《ちぎょう》していた千葉氏のもとで事務官僚として働いていました。今風にいえば地方公務員です。

仕事がら文書を取り扱うことに慣れており、いらなくなった書類を佐渡の日蓮のもとに送って、師の著作活動、経論《きょうろん》の書写《しょしゃ》を支えていたのです。「佐渡の国は紙候はぬ」(九六一頁・六一八頁)と言う師のためにかなりの量の紙を提供したことは富木常忍の功績の一つでもあります。「紙背文書《しはいもんじょ》」という大量の日蓮の文書群があり、使用された紙の表側は日蓮の文字が、その裏側(紙背)には富木常忍の仕事に関する内容が書かれています。富木常忍はいらなくなった仕事上の書類を日蓮に提供していたことが明らかになったのです。

そして、最大の功績は富木常忍とその周辺の門下に送られた師の著作・書簡類を厳重に保管し、後世に伝えようとした努力にあります。富木常忍はこれらを箱に入れ目《もく》録《ろく》を作り、「置文《おきもん》」を書いて師の業績が散らばらないようにしたのです。

「聖人の御書並びに六十巻以下の聖教《しょうきょう》等寺中を出すべからざる事」と記し「日常（富木常忍の法名《ほうみょう》）存生之時《ぞんしょうのとき》の如《ごと》く一分の懈怠《けたい》無く之を勤めらるべし」と遺言《ゆいごん》したのです。

この「置文」は後世遵守《じゅんしゅ》され、今に至るまで「観心本尊抄《かんじんのほんぞんしょう》」（二三八頁・七〇二頁）「法華取要抄《ほっけしゅようしょう》」（三三一頁・八一〇頁）「四信五品抄《ししんごほんしょう》」（三三八頁・一二九四頁）などの重書が真蹟《しんせき》のまま保管されています。

富木常忍にとっての弟子の道とは、師の指導を永遠に残すことにあったのかもしれません。

生涯師とともに

富木常忍とはタイプが違いますが四条金吾《しじょうきんご》も、弟子を思う師、師を思う弟子、この師弟のきずなのあり方を見事に示してくれています。

四条金吾は、二十代の青年期に入信し、二十九歳で結婚、四十一歳の時やっと子供に恵まれ、娘・月満《つきまろ》の父親になりました。文永《ぶんえい》八年の五月八日でした。それから四か月後、竜の口の法難が起きたのです。師・日蓮が逮捕《たいほ》され、竜の口の頸《くび》の座《ざ》に連行される報を聞き、兄弟四人で駆けつけました。

その行動は、もしかしたら自分にも重罪が科《か》せられるかも知れないという決死の覚悟の上でした。十三歳年下の妻と、生まれたばかりの娘をあとにして、竜の口の刑場《けいじょう》に師とともに向かった四条金吾の心は、家のため、妻子のため、主君のためというような当時の武士の世俗《せぞく》的な生き方をも超え、人生の師にこの身を預《あず》け「師弟の道に生きる」ことをいさぎよしと決めていたのでしょう。師・日蓮はこの果敢《かかん》な決断を生涯忘れることなく、何度もほめたたえています。

あまりいい表現が見つかりませんが、「男が男にほれる」という言い方があります。おそらく四条金吾はこれに近いような気がします。この人についていけばまちがいない、自分の人生は「生涯師とともに」と心に決めていたからこそ、なんのためらいもなく師の乗る馬の口について竜の口の刑場へと同行したのでしょう。

しかし、このような行動は深い信仰心がなければできることではありません。この命がけの行動の背景にある四条金吾の信仰、師・日蓮に対する思いはどのように形成されていったのか、大変興味のある問題ですので、少し考えてみましょう。

四条金吾は、青年時代に日蓮から直接の薫陶《くんとう》を受けています。入信から約十五年、竜の口の法難の起きる文永八年まで師から四条金吾への消息類《しょうそくるい》がほとんど残っていないのは、師弟ともに鎌倉で直接交流していたことを裏付けるものです。四条金吾は性格的に激しく、燃える男というイメージとその反面、愚癡《ぐち》っぽく、短気で、我慢強さに欠けたところがあります。おそらく師・日蓮は八歳年下の弟子・四条金吾にはそう厳しく叱《しか》る場面があったのではないかという気がしてなりません。いずれ鎌倉の門下の柱に育ってほしい四条金吾に対して、師は全魂《ぜんこん》を込めて薫陶していったのです。

そこには最愛の弟子だからこそ容赦《ようしゃ》のない厳しい指導もあったかと思います。怒られてもついていく、それは意識してできることではありません。そこには疑いもない、反発もない、もちろん屈辱《くつじょく》さえもない。とにかくすごい師に巡《めぐ》り会い指導の数々を受け、ともに戦える歓喜の思いが満ちあふれ全人格を覆《おお》い尽くしていたのだと思います。

人間にとって青春時代をどう生きたかが人生を決定することはいうまでもありません。そこにはさまざまな出会いがあります。人はそのさまざまな出会いを取捨選択《しゅしゃせんたく》しながら、自分の生きる道を模索《もさく》していきます。選び取った出会いをどう自分の今後の人生に生かすか、ほとんどの人はそのような人生の出発点が青春時代のある出会いから始まっているといっていいでしょう。四条金吾にとって日蓮との出会いは、人生の一大転換点となったのです。

そして、その師の薫陶に十分応えるだけの成長を遂《と》げたからこそ、竜の口の刑場への途中、日蓮は四条金吾をあえて呼びにやったのです。

四条金吾に関する「師弟のきずな」のエピソードはまだまだあります。文永九年三月、四条金吾は日蓮が佐渡に流罪になってから、もう半年以上師とは会っていませんでした。約十五年間、直接薫陶を受けてきた四条金吾にとって師と会えないことの切なさ、つらさはいかばかりであったかと思います。いてもたってもいられなかったのでしょう。意《い》を決《けっ》して四条金吾は四月に佐渡に渡ります。

そのことを伝える御書の一節に「はかばかしき下人《げにん》もなきに・かかる乱れたる世に此のとの《殿》を・つかはされたる心ざし大地よりも・あつし」(一一一五頁・六三三頁)とありますが、これは四条金吾の妻に対して、大変な中、夫を佐渡に送り出した志《こころざし》の深さをほめているものです。これは文永九年四月に四条金吾の妻に与えられた「同生《どうしょう》同名御書《どうみょうごしょ》」の一節で、四条金吾が佐渡で日蓮に会い、帰りに奥さんに渡すようにと託《たく》された手紙です。また「宮仕隙《みやづかえひま》なき身に此の経を信ずる事こそ稀有《けう》なるに山河を凌《しの》ぎ蒼海《そうかい》を経《へ》て遙《はるか》に尋ね来り給いし志・香城《こうじょう》に骨を砕《くだ》き雪嶺《せつれい》に身を投げし人人にも争《いか》でか劣り給うべき」(一一九三頁・一八〇〇頁)と後に述懐してほめたたえた一節もあります。ここでいう「はかばかしき下人もなきに・かかる乱れたる世に」にあって「宮仕隙なき身」との表現は、次のような事情があったと想像されます。

この時、四条金吾は名越光時《なごえみつとき》親子(子の名前は不明)に仕えていたとされていますが、主君は幕府の中で非常に厳しい立場に立たされていました。文永九年といえば、二月騒動《そうどう》すなわち「北条時輔《ときすけ》の乱」が起きた年です。二月騒動で鎌倉では名越時章《ときあきら》と教時《のりとき》の兄弟二人が謀叛《むほん》の咎《とが》で殺されています。

この二人は四条金吾が仕えてきた名越光時の弟たちに当たります。時章は当時一番《いちばん》引付頭人《ひきつけとうにん》で幕府の中では執権《しっけん》・連署《れんしょ》に次ぐ重職にあった人です。弟の教時も幕府の最高幹部ともいうべき評定衆《ひょうじょうしゅう》の一人でした。だから二月騒動というのは京都で起きた北条時輔（執権・時宗《ときむね》の異母兄《いぼけい》）の謀叛以上に、鎌倉での騒動のほうが幕府にとっては衝撃的な内乱だったのです。まさに日蓮が「立正安国論」の中で予言した自界叛逆《じかいほんぎゃく》難《なん》の的中を意味する騒動だったといえます。

このため名越家は幕府から危険視されており、名越一族の家臣たちは肩身の狭い思いをしました。だから、文永九年二月ごろの四条金吾の立場は大変苦しいもので、主家の存続をかけて宮仕《みやづか》えに精魂《せいこん》を傾けていたと思われます。日蓮は四条金吾に、主君のおかげで妻子・下人も養い、また信心も実践できるのだから、主君が難局《なんきょく》に立たされている時こそ、日頃の御恩に報《むく》いる奉公《ほうこう》を貫《つらぬ》けと指導していました。「御みやづか《仕官》いを法華経とをぼしめせ」（一一九五頁・一四九三頁）という一節がそれです。おそらく主家の家臣たちの中にあって四条金吾の主君への忠誠《ちゅうせい》は抜きんでていたと思われます。

仕事をしっかりとやり抜くことがそのまま信心の実践につながる、生活即信心というとらえ方は日蓮の真骨頂《しんこっちょう》でもあります。信仰は生活の上に現すものであって、信仰と世俗的な生活はけっして別のものではないのです。仕事は二流だが信心は一流というのでもない、仕事は一流だが信心は二流というのでもない、信心が一流なら仕事も一流になるはずだというのが、日蓮の考えでした。

さて、いまだ二月騒動の余韻《よいん》もさめやらぬ主家にあって四条金吾のもとに一通の文書が佐渡の日蓮から届きました。四条金吾が使いの者を立て佐渡へ供養《くよう》の品々を送り、その使いに一つの文書が託されたのです。これが「開目抄《かいもくしょう》」です。

おそらく四条金吾は長文の「開目抄」に接し、師・日蓮が流人の身でありながら、大確信を披瀝《ひれき》し末法《まっぽう》の正師《しょうし》であることを表明する力強い文章に、逆境《ぎゃっきょう》を乗り越える勇気と希望をつかみとったことでしょう。同時に師匠になんとしても会いたい。会って主家のことでも指導を受けたい。そして、師の佐渡流罪を契機《けいき》に信心から離れていった多くの同志についても指導を受けたい。師を思う気持ちは高まるばかりでした。再び日蓮から文書が届きました。「佐渡御書」です。

佐渡御書は三月二十日付になっていますから、おそらく四条金吾が読んだのは三月末か四月の初めでしょう。その四月には四条金吾は佐渡に渡りました。だから四条金吾の行動は迅速《じんそく》でした。ここに弟子・四条金吾にとって師はどういう存在だったのかを解明する鍵があると思うのです。この時、日蓮門下の中で師・日蓮の心を一番よくわかっていたのは四条金吾だったのです。前にも述べたように四条金吾を取りまく環境は厳しく、佐渡行きは決死の覚悟なくしては敢行できないものでした。その中で「開目抄」と「佐渡御書」を読んだ四条金吾は、師が信心の揺《ゆ》らいでいる門下のため、そして後世のために次々と文書を書き記そうとしていることを痛いほど感じました。

　この御書の冒頭《ぼうとう》には「此文は富木殿のかた三郎左衛門殿大蔵たう《塔》のつじ《辻》十郎入道殿等さじき《桟敷》の尼御前一一に見させ給べき人人の御中へなり、京鎌倉に軍に死《しせ》る人人を書付てたび候へ、外典抄文句《げてんしょうもんぐ》の二玄《げん》の四の本末勘文宣旨《ほんまつかんもんせんじ》等これへの人人もち《持》てわたらせ給へ」（九五六頁・六一〇頁）とあります。

　文中の三郎左衛門殿が四条金吾のことです。また末文には「佐渡の国は紙候はぬ上面面に申せば煩《わずらい》あり一人ももるれば恨《うらみ》ありぬべし……外典書の貞観政要《じょうがんせいよう》すべて外典の物語八宗の相伝《そうでん》等此等がなくしては消息もかかれ候はぬにかまへてかまへて給候《たびそうろう》べし」（九六一頁・六一八頁）とあります。

四条金吾は師に会っていろいろな報告をし、指導を受けたい気持ちが高揚《こうよう》していましたから、これらの師の文章を読んで、即座に典籍《てんせき》と紙を揃え日蓮のもとに自らが届けようと心に決めたのです。

師が今何を求めているのかを知り、師の要請にすぐに応える――それがこれまで薫陶を受けてきた弟子のとる道であることを四条金吾は十分に心得ていたのです。早速、四条金吾は日蓮が要請してきた典籍類の収集に奔走《ほんそう》しました。当時の書物は印刷されたものではなく書写するのが普通でしたから、収集には富木常忍をはじめとする多くの門下が協力し合って揃えていったと考えられます。短期間のうちに典籍類は集められ、それらを抱えて四条金吾が佐渡に出発したのは四月中旬ごろで、到着したのは下旬でした。

日蓮が相模《さがみ》の依智《えち》（神奈川県厚木市）から佐渡に着くまで十八日かかっていますから、四条金吾はかなりの早さで佐渡に入っています。そして六か月ぶりの師との再会を果たし、数日後には佐渡をあとにしています。

この四条金吾の佐渡行きで不思議でならないのは、主家が二月騒動後の混乱も収まらない中、長期にわたって鎌倉を離れることと幕府に処罰された流人に会いに行くことが、なぜできたのかということです。ただでさえ幕府から危険視されている名越氏の家臣に、佐渡の流人に会いに行く許可が下りることは到底考えられません。

しかし、四条金吾が佐渡に行ったのは事実です。まさに不可能なことを可能にしてしまうほど強い師への思いが実現させたのです。おそらく考えられるのは、当時四条金吾の所領が信濃《しなの》の殿岡《とのおか》（長野県飯田市）にあり、そこへ行く許可を取り付け、殿岡からさらに足を延ばして佐渡に渡ったと思われます。佐渡から帰る時に妻宛《あ》てに託された「同生同名御書」の日付が四月になっていることから、日蓮に会ってすぐに帰らなければならなかった事情が伝わってきます。

生涯の師と決めた人だからこそ、弟子・四条金吾は師が今何を求められているのか、そして師に対して何をすることが弟子の道なのかを十分につかんでいたのです。こうして「佐渡御書」での師の典籍要請は師恩報謝《しおんほうしゃ》の一念に燃えた弟子・四条金吾によって実現されたのです。同じ年の文永九年、日蓮は「祈禱抄《きとうしょう》」を著《あらわ》します。そこには四条金吾によって届けられたであろう後鳥羽上皇《ごとばじょうこう》の宣旨《せんじ》が長文にわたって引用されているのです（一三五三頁・六八九頁）。

「孝」の心

親の子供に対する期待は大きいものがあります。親は自分の夢を子供に託す場合も少なくありません。それが愛情となって子供に降り注がれる。だから子供には危険な橋は渡ってほしくない、と考えるのがごく自然な親心でしょう。しかし、そういう親の言うことを聞かなかった経験は、だれにでもたくさんあるものです。

特に青春期は親よりも他の人との出会いや影響を受けて、さまざまなことを体験し、時には成功もし、失敗もするものです。親の言うことを聞いておけばよかったという場合もあるし、一時的には反対され心配をかけ、悩ませたけれど、自分の主張を貫いてよかったということも多々あります。自分の選んだ道を行くにしても、最後は親にかならず安心してもらえる人間になるという心さえしっかりしていれば、むしろどんどん新しいことに挑戦すべきだと思います。そのようなくりかえしが人間の幅を広げていくことはまちがいありません。失敗しても取り返しがつくのが青年の特権です。自分の成長につながりそうな出会いをしたら、飛び込んでみるという冒険《ぼうけん》ができるのも青年の特権なのです。

大事なことは自分を見失うことなく、主体性と向上心を持ってぶつかることです。そうすれば表に現れた結果の如何《いかん》にかかわらず、自分の中に貴重《きちょう》な経験が財産として積まれていくことはまちがいありません。親の目から見れば、本当の「孝行」とはりっぱな人間に成長してくれることに尽きるのです。ことの始まりは「親不孝」であったとしても、結果として人間的に成長すればりっぱに「親孝行」は果たしたことになるのです。

この「孝」について、日蓮はどう考えていたのでしょうか。門下の中に信心に反対する親を持つ二人の兄弟がいました。兄は池上《いけがみ》右衛門大夫宗仲《えもんのたいふむねなか》といい、宗仲には、兵《ひょう》衛志《えのさかん》と呼ばれる弟がいました。兄弟二人は日蓮が佐渡流罪になる前から門下になっていました。兄弟の入信は母の弟に当たる叔父《おじ》・日昭《にっしょう》が日蓮の弟子だったことによるという説が有力です。初めは父も息子たちが親戚《しんせき》筋からの勧《すす》めで日蓮門下に入ったことに対して強い反対はしていなかったようです。

しかし、日蓮が幕府の罪人として佐渡に流され、父の師である極楽寺良観《ごくらくじりょうかん》からも圧力をかけられ、激しく息子の信心に反対するようになっていきました。「良観等の天《てん》魔《ま》の法師《ほっし》らが親父左衛門の大夫殿をすかし、わどの《和殿》ばら二人を失はんとせしに」（一〇九五頁・一三八七頁）とあるように、父は良観から日蓮への悪口をさんざん聞かされ、日蓮はとんでもない悪僧だと思いこんでしまったのです。幕府の罪人を師とするような息子では家の面子《めんつ》にもかかわり、悪くすれば日蓮の一味として所領没収《ぼっしゅう》につながりかねないという危機感は相当なものだったのでしょう。父は日蓮と縁を切れと強く息子たちに迫りました。しかし、息子たちは親の言うことを聞こうとはしませんでした。

ついに父は最後の手段をとります。長男の宗仲を勘当《かんどう》するに至ったのです。それは弟には大変な動揺を与えました。兄の信心は非常に堅固《けんご》だったため、父は兄弟の切り離しにかかったのです。この時代は単独相続と決まっているわけではなく、娘にも所領の分割相続が認められていました。たとえ次男に跡《あと》を継《つ》がせるとしても、兄にも幾分かの所領は与えられることになります。

しかし、勘当となると別です。だから親としては大変厳しい行動に出たといえます。弟は兄の勘当によって池上家の大半の所領・財産を継ぐことになりますが、その場合もちろん、日蓮仏法を捨てることが必須《ひっす》の条件でした。弟は親をとるか、兄をとるか、人生の大きな岐路《きろ》に立たされたのです。

日蓮が池上家に宛てた書簡は十八編が伝えられており、うち日蓮の真蹟は十二編が残っています。そして、十八編中半分の九編は、池上家の親子対立が解決するかどうかの鍵を握る弟・兵衛志に宛てられたものでした。兄弟二人には三編、弟・兵衛志の女房に三編、兄・宗仲に三編ですから、日蓮がいかに兵衛志のことが気がかりであったかがわかります。

残念なことにそれらの書簡は、書かれた月日はわかるのですが、年が書いていないため、親子三人の心の動きを時系列で説明することは困難です。しかし、確実なのは父は長男に対して二度勘当していることです。

この信心をめぐる親子対決の経過をわかる範囲でたどりながら、日蓮の指導のあり方を述べてみたいと思います。

兄弟に残された最初の書簡は「兄弟抄」で、そこに兄への最初の勘当があったことが記されています。文永十二年（一二七五年）四月十六日付ですから、日蓮が佐渡流罪から赦免され、身延に入ってほぼ一年になろうとしている時でした。

日蓮は兄弟二人に「一切は・をやに随うべきにてこそ候へども・仏になる道は随わぬが孝養の本にて候か」（一〇八五頁・九二八頁）と述べています。すべては親に従うことこそが親孝行となるが、人間としての最高の境涯である仏になろうとする場合だけは親が反対しても従ってはならない。なぜなら最高の境涯に達する道を進むこと自体が本当の意味の親孝行になるのだから、というのです。そもそも日蓮自身が出家《しゅっけ》したのも両親への孝行を果たすためでした。

「まことの道に入るには父母の心に随わずして家を出て仏になるが・まことの恩をほう《報》ずるにてはあるなり」（同頁）という通りです。実は日蓮自身に親の反対、師からの勘当という経験があったのです。「父母手をすり《擦》てせい《制》せしかども師にて候し人かん《勘》だう《当》せしかども・鎌倉殿の御勘気《ごかんき》を二度まで・かほり・すでに頸《くび》となりしかども・ついにをそれずして候……」（一一三八頁・九一七頁）とあるように自分で決めた道を何があろうとつき進む、恐れない、ひるまない、しりぞかない、そこまで真剣にやり抜く決意がなければ得られるものも得られないのです。

　だから、一度は親の意向から離れたとしても、必ず恩に報いるという心を忘れず、精進《しょうじん》して成長した姿でもどってくることこそ日蓮の体験から得られた「孝」の心というものなのです。日蓮は兄弟に対して、自らの体験と信心の次元から兄の勘当について次のように位置づけています。

「第六天《だいろくてん》の魔王或《あるい》は妻子の身に入って親や夫をたぼらかし或は国王の身に入って法華経の行者ををどし或は父母の身に入って孝養の子をせむる事あり」（一〇八二頁・九二三頁）と信心を妨《さまた》げようとする魔が父の身に入って勘当に及んだのだとしています。

「孝養の子」というように信心の問題以外では兄弟二人は十分親孝行の息子であったことをうかがわせています。

信心を一生懸命やり始めると、親が猛烈《もうれつ》に反対することはよくある話です。親の言うことを聞いて「孝」の道をとるか、親に逆らってでも信心を貫き「不孝」の道を行くか、という言い方をしてしまえば、おのずからその是非《ぜひ》ははっきりしています。「不孝」は非、「孝」は是に決まっています。しかし、それは一時的な「孝」をとって永久的な「孝」を失う愚かな選択《せんたく》になりかねないのです。

兵衛志は「孝不孝」が第一なのか、「信心」が第一なのか、どちらかを選ぶしかないと思いこんでいたのです。日蓮にとって信仰は人生の根本におくもの、すなわち大地であり、生活や人格はその大地から花開くものと考えていました。だから「孝行」と「信心」は両立できるのは当然であり、それ以上に信仰を土台にした孝こそ真の孝だととらえていたのです。

信仰の次元からの指導はさらに続きます。

「此の法門を申すには必ず魔出来《しゅったい》すべし魔競《きそ》はずは正法と知るべからず、第五の巻

（天台大師の「摩訶止観《まかしかん》」第五巻）に云く『行解既《ぎょうげすで》に勤めぬれば三障四魔紛然《さんしょうしまふんぜん》として競い起《おこ》る（中略）』等云云、此の釈は日蓮が身に当るのみならず門家の明鏡《めいきょう》なり謹《つつし》んで習い伝えて未来の資糧《しりょう》とせよ」（一〇八七頁・九三二頁）と。

信心強く実践を貫いていくとかならず難敵《なんてき》が襲《おそ》ってくる、それを三障四魔といいます。これは信心を止めさせようとする三つの障害と四つの魔の働きをいいます。日蓮の身にあてはまるだけでなく、門下にも必ず起こることであるから、将来の成長への糧《かて》として銘記《めいき》せよというわけです。

「兄弟抄」は日蓮の消息の中でもかなりの長文です。真蹟が全文残っていないのではっきりした紙数はわかりませんが、おそらく四十枚は超えていたようです。

その中で兄弟の例えとして応神天皇《おうじんてんのう》の二人の息子が皇位を譲り合った話や、インドの妙荘厳王《みょうしょうごんのう》の息子の浄蔵《じょうぞう》・浄眼《じょうげん》の兄弟が、最後は父を法華経の信仰に導いた話を引用し、さらにはインドの隠士《いんし》と烈士《れっし》が魔に妨げられた話を通し、二人の結束《けっそく》の大切さを教示しています。

その後、池上兄弟は力を合わせ不退《ふたい》の姿勢で父に臨《のぞ》んだようです。父もいったんは折れて兄の勘当は解かれました。しかし、兄弟の信仰を認めたわけではありませんでした。そして、最大の危機が訪《おとず》れます。建治《けんじ》三年（一二七七年）ごろ、父はふたたび兄を勘当したのです。この間、弟の心にはすき間が生じていたのでしょう。たゆんだ心をのがさずに魔の働きが父を通して襲ったのです。

その時、日蓮は弟・兵衛志に消息を送っています。「兵衛志殿御返事」（一〇九〇頁・一四〇一頁）です。内容はきわめて衝撃的です。何年もの間くすぶり続けた親子の対立はこの消息によって決着がついたといっても過言ではありません。弟はこの消息を読み、本当の意味で不退の決意、師弟のきずな、兄弟の結束の大切さを痛感し、最後には父に向かって言い切り、信心を貫いたのです。

まず日蓮は、この消息で「このたびゑもん《右衛門》の志《さかん》どの《殿》（兄のこと）かさねて親《おや》のかんだう《勘当》あり……ひやうえ《兵衛》の志《さかん》殿（弟のこと）をぼつかなし……今度はとの（弟のこと）は一定《いちじょう》をち給いぬとをぼうるなり」（一〇九〇頁・一四〇二頁）と今度ばかりは弟が退転《たいてん》するだろうと言っています。

この消息は弟本人に宛てたものです。「あなたはかならず退転すると思う」と師が直接本人に言い切っているのです。それもこの一箇所だけではありません。さらに続けて次のように記しています。

「あなたがわずかの所領を父にへつらって手に入れても、信心が弱く、ついには悪道に堕《お》ち、そうなってから日蓮をうらんではなりません。くりかえし言いますが今度はあなたは退転すると思います」（一〇九一頁・一四〇二頁、意訳）と。

信心をとるか家督《かとく》を継ぐか、父をとるか兄をとるか、ぎりぎりの選択を迫られている門下に対して、あなたはかならず信心をやめて父に従い家督を継ぐだろうと言い切る日蓮の心のおきどころは、普通の感覚では理解しがたいものです。

日蓮という人はまわりくどい指導はしない、心のない励ましも絶対にしない。相手が真剣に悩み迷っているからこそ、この消息によって一気に勇気の心を起こし決断できるようにと、考えに考え抜いた上での表現だったと思えるのです。いうまでもなく「あなたは退転するだろう」という表現は、いやみでもなく、見限《みかぎ》っているのでもありません。日蓮は心の底で、兄の側《がわ》に立って信心を貫く決断を強く期待していることが読み取れます。

「百に一つ、千に一つでも日蓮の教えを信じようと思うなら、親に向かって言い切りなさい。『親であるから、運命のままに従うべきですが、親が法華経のかたきとなってしまいましたので、つき従ってはかえって不孝の身となってしまいます。だから私は親を捨《す》てて兄につきます。兄を勘当されるのならば、私も兄と同じだと思ってください』と言い切りなさい」（一〇九二頁・一四〇三頁、意訳）と、親に対してどのように言うかという具体的な内容まで書き添《そ》える細かな配慮が感じとれます。

そして最後に「あなたが兄を捨てて、兄のあとを譲《ゆず》られたとしても、千万年も栄《さか》えることはむずかしいことです。どうなるかわかりませんが、おそらくわずかの間に滅《ほろ》んでしまうでしょう。どうしてこの世に滅びないという保証があるでしょうか。よくよく思い切って、ひたすら後世を頼みなさい。このように言っても、むだな手紙になると思うと、書くのも気が進まないけれども、のちの思い出に記しておきます」（一〇九三頁・一四〇六頁、意訳）と述べて締めくくっています。

この最後の表現も一見突き放したように見えますが、日蓮の本意は弟の決断を喚起《かんき》することにあったことはいうまでもありません。

受け取った弟・兵衛志は、手紙を読み終えてかなりの衝撃を受けたと思います。師の心も十分わかっていたはずです。しかし、三か所に及ぶ突き放した表現が頭の中をかけめぐり、しばらくその表現と戦っていました。「どうせ信心をやめるんだろ」「いや自分は退転するほど弱い人間ではない、家督ほしさに父につくような欲深い人間ではない」――兵衛志の心の葛藤《かっとう》はまさに魔と仏との戦いでもありました。

そして、ついに弟は決断します。信仰の道を選んだのです。日蓮の言葉による訴求《そきゅう》の絶妙《ぜつみょう》さが、一人の人間の重大な決断の原動力になったのです。たった一通の手紙が人を動かす、日蓮は常にそう思い願って、心を込めて消息を書きつづっていったのです。

のちに父は入信するに至りました。池上家は全員が日蓮の門下となり、跡を兄・宗仲が継いだことはいうまでもありません。

そして、のちに師・日蓮が死去の地として選んだ場所が、この池上家であったことを思う時、「兵衛志殿御返事」（一〇九〇頁・一四〇一頁）という一通の消息の持つ意義の大きさを痛感せざるを得ないのです。

門下を思う心

一人の人間がこまやかな心配りをしながら、めんどうをよく見てあげられる人数は限られています。もし自分のまわりに百人もの人たちがいて、その一人一人の相談にのって、悩みを聞いてあげたり、激励の手紙を書いて送ったりしてあげるとすれば、超人的なハードスケジュールをこなさなければならないでしょう。そして自分をなげうって人に奉仕する決意がよほど強くなければ、やりきれるものではありません。

そういったふるまいをもっと多くの人を相手に貫いたのが日蓮です。当時の門下は日蓮と直接の師弟関係を結んでいました。門下にも出家の弟子と在家の檀越《だんのつ》がおり、檀越と日蓮との仲介役《ちゅうかいやく》として弟子が間を取り継ぐこともありましたが、檀越たちは供養の品々を日蓮に届け、日蓮も消息を書いて指導するというように、日蓮と直結する門下によって日蓮教団がなりたっていたのです。

門下は生活上の問題、家庭の問題、仕事の問題、病気のことなどありとあらゆる悩みを師にぶつけ、師も一人一人の状況を的確につかみその人にあった指導をしていきました。いったいそういう門下の数はどのくらいいたのでしょうか。

【弟子と檀越の人数】日蓮文書と本尊授与書《じゅよが》きに記される門下人数

	文書	本尊	本尊にも文書にもあり	合計
弟子	五八人	一六人	（四人）	七〇人
檀越	一五四人	四四人	（九人）	一八九人
計	二一二人	六〇人	（一三人）	二五九人

表のように調べた範囲でわかる人数をあげれば、弟子七〇人、檀越一八九人になります。この数は日蓮文書に出てくる門下の名前と、本尊を授与された門下の名前をもとにして出した数です。

しかし、これはわかっている範囲での門下の数であって、今に伝えられない消息や本尊も想定すれば、かなりの門下がいたはずです。日蓮滅後七二〇年の歳月を経て、現存している本尊は一二八体に及びますが、実際はどのくらい本尊が図顕《ずけん》されたのか考えてみると、結論としてはおそらく五〇〇体にのぼるものと思われます。その根拠はわかっている出家弟子七〇人の大半は本尊を与えられたはずで、そのうち現存する本尊が一六体であることからほぼ四分の一の現存率ということになるからです。

この現存率四分の一を日蓮文書にあてはめれば書いた消息の数がある程度割り出せます。日蓮の真蹟が現存する文書（著述と図録と消息を合わせて）の数はわかっているだけで二一四編、それに断簡《だんかん》といって部分しか残っていないものが三九一片、図録類で現存するものが二三編ありますから合計すれば六〇〇編を超える膨大《ぼうだい》な数になります。これに真蹟現存率四分の一をあてはめれば、日蓮はその生涯に二四〇〇編もの文書を書いたことになります。

そして、その大半は竜の口の法難以降（一二七一年九月）身延期まで（一二八二年九月）の約十一年間に集中しています。この中には「開目抄」のように四か月間かかった大部の著述からごく短い消息まで文字数はいろいろですが、ほとんど毎日のように消息を書き論文を書いていたことがうかがわれます。それだけではありません。さらに本尊を書き顕《あらわ》し門下に授与しているわけです。本尊を書き顕すことはかなりの時間がかかるだけでなく、全神経を集中して心を込めながらの尊い作業でした。

これらの身も心も時間もけずっての膨大なふるまいは、すべて門下一人一人の成長と幸せを願う師の慈悲《じひ》の思いがなした偉業《いぎょう》といえるでしょう。

このように文書と本尊図顕について見ただけでも、門下を思う日蓮の心は十分に伝わってきます。その姿は、後についてくる後輩のために尽くし奉仕するという、上に立つ者の心構えを教えてくれていると、とらえることもできるでしょう。

日蓮の女性信徒観

法華経には女人成仏《にょにんじょうぶつ》が説かれていて、日蓮も女人の成仏については御書のいたるところで触れています。

この女人成仏の問題は、現代の視点から男女平等、雇用《こよう》機会均等、女性の社会進出などの趨勢《すうせい》と相まってたいへん注目をされてきています。しかし、男女差別のない平等社会に関して仏教の立場は批判の対象にされています。

女人成仏についてよく耳にするのは、「仏教では、女性も成仏できると説いている」という表現ですが、こういう言い方自体が男性中心で構築されてきた仏教の本質を露《ろ》呈《てい》するものだ、と問題視されるのです。

「女性も成仏できる」と言われると、男性は、仏教が男女平等に立っていることを快く思い、なんら不自然な感覚は生じないのですが、女性から言わせればこういう男女を分けて述べること自体に、差別意識があるとして批判的にとらえるのです。

これがもし、「仏教では、男性も成仏できると説いている」という表現だったら、どうでしょうか。おそらく今度は、男性のほうが批判的に、女性は好意的に受け止めることになるでしょう。どちらにしても、現代においては差別が見えかくれしながらの建て前的な平等論であり、不穏当《ふおんとう》な発言には変わりがないのです。

問題の所在は、「男性成仏」は議論の対象としないのに、ことさらに「女人成仏」を論じるところにあります。これだけでも十分にフェミニストたちからは批判の対象となるのですが、仏教にはもっと深刻な女性蔑視《べっし》が存在しています。すなわち「五障《ごしょう》三従《さんじゅう》」と「変成男子《へんじょうなんし》」の二つの考え方です。

「五障三従」の「五障」は、女性は梵天《ぼんてん》・帝釈《たいしゃく》・魔王・転輪聖王《てんりんじょうおう》・仏にはなれないとする考えで、「中部経典《ちゅうぶきょうてん》」や「多界経」、そして「法華経」に出てきます。また女性は不浄《ふじょう》で淫《みだ》ら（「ブラーフマナ」・「マハーバーラタ」）であり、貪瞋癡《とんじんち》の三毒に染まった存在（「増支部経典《ぞうしぶきょうてん》」）であるという差別観も早くから見られます。

日蓮もこのような女性を蔑視する考えが仏典の中にあったことを認め、次のように述べています。「女人は五障三従と申して世間出世に嫌われ一代の聖教に捨てられ畢《おわ》んぬ」（一二三五頁・四一一頁）と、また「華厳経《けごんきょう》」の一節を引いて「女人は地獄の使なり能《よ》く仏の種子《しゅうじ》を断つ外面は菩薩《ぼさつ》に似て内心は夜叉《やしゃ》の如し」（九四五頁・三九九頁）と。

三従（女は生まれては親に、嫁《とつ》いでは夫に、夫亡きあとは子に従う）はすでに釈迦以前に成立していたマヌ法典に記されていて、インド仏教では初期の段階からこれを取り入れています。

「変成男子」は女性が成仏するためには一度男性に身を変じてからでないとできないというもので、経典では「長部経典《ちょうぶきょうてん》」「無量寿経《むりょうじゅきょう》」「阿弥陀経《あみだきょう》」「金光明最勝王経《こんこうみょうさいしょうおうきょう》」「大集経《だいしつきょう》」「法華経」などをはじめとして数え切れないほど多くの経典に見られるのです。

そのため男女平等の観点から仏教の評判はすこぶる悪いものになっているのです。これらが釈迦滅後の男性主体の出家教団によって説かれたものであることは容易に察しがつきます。

すなわち、女性を罪多く、汚《けが》れた存在として蔑視し、仏になる可能性はない（五障三従）が、それでも救済の対象として女性を拾い上げてあげようという男性側の偽善《ぎぜん》的《てき》な配慮により条件付きの成仏（変成男子）が用意されたのです。

このような男側の傲慢《ごうまん》な論理は、多くのフェミニストたちの厳しい批判を待つまでもなく、女性を二重に差別する過《あやま》ちを犯していることは明白です。なぜ仏教はこのような覆いようのない傷跡《きずあと》を残したのか。これに抗弁して、仏教者たちはおもに釈迦擁《よう》護《ご》論を展開しています。

いわく「釈迦は本来男女の差別を説かず、絶対平等の立場にあった」とし、「釈迦滅後の男性出家教団維持のためと、当時の社会的背景にあった男尊女卑《だんそんじょひ》の風潮を抱え込まざるを得ない状況の中で生みだしたぎりぎりの表現があのような女人成仏論となった」と。

しかし、この解釈は仏教の評判を回復させるほどには成功していません。釈迦の本意と後に続く弟子たちの理解を区別して、都合の悪いものは、みな弟子に責任を転嫁《てんか》するようで、ほとんど説得力はないに等しいのです。

実は女性差別論は、法華経を信仰する者にとっても避けることのできない問題なのです。なぜなら「五障三従」と「変成男子」に言及するのは法華経も例外ではないからです。

「舎利弗《しゃりほつ》は竜女《りゅうにょ》に語《かた》って言《い》わく、『汝《なんじ》は久《ひさ》しからずして無上道《むじょうどう》を得《え》たりと謂《おも》えり。是《こ》の事《じ》は信《しん》じ難《がた》し。所以《ゆえん》は何《いか》ん。女身《にょしん》は垢穢《くえ》にして、是《こ》れ法器《ほうき》に非《あら》ず。……又《ま》た女人《にょにん》の身《み》には猶《な》お五障《ごしょう》有《あ》り。一《いち》には梵天王《ぼんてんのう》と作《な》ることを得《え》ず。二《に》には帝釈《たいしゃく》、三《さん》には魔王《まおう》、四《し》には転輪聖王《てんりんじょうおう》、五《ご》には仏身《ぶっしん》なり。……当時《とうじ》の衆会《しゅえ》は、皆《み》な竜女《りゅうにょ》の忽然《こつねん》の間《あいだ》に、変《へん》じて男子《なんし》と成《な》って（変成男子）……妙法《みょうほう》を演説《えんぜつ》するを見《み》る。」（法華経提婆達多品《だいばだったほん》第十二）

と二つともはっきり明記されています。

ここでは女人成仏の手本として竜女の成仏が述べられていますが、「女身は垢穢にして、是れ法器に非ず」という女性観を前提にして五障が説かれ、それでも竜女は変成男子して成仏したとあります。たとえ結論が女人成仏を説いているとはいえ、法華経も二重の差別を犯していることについては弁解の余地はありません。

もちろんこれには反論がないわけではありません。都合の悪い提婆達多品を後代に付け加えられたものとし、もともとの法華経には五障も変成男子もなく、本来男女平等に立っていたと主張する研究者もいます。

しかし、文献学的にそれが事実だとしても、日本の仏教史にあって、法華教団が女人成仏を説く提婆達多品を宣揚《せんよう》してきた歴史的事実を無視することはできません。伝《でん》教大師最澄《ぎょうだいしさいちょう》にしても、日蓮にしても提婆達多品は法華経にもともとあったことを前提として、法華経こそが女人成仏を説く最勝の経として位置づけたのですから。

しかし、法華経の名誉のためにもう一点反論を挙げるならば、五障はあくまでも舎利弗の発言であること、そして竜女の変成男子は舎利弗たちを納得させるための仮の表現方法であり、その本当の姿は即身成仏《そくしんじょうぶつ》と読みとることができると思うのです。

このことを明確にしてくれたのが、日蓮の女性観です。そこで日蓮の女性観を述べるに当たり、まず教義的観点の上から「五障三従」「変成男子」「女人成仏」の問題を、次に教団的観点の上から女性信徒をどう位置づけていたのか、を検討してみましょう。

教義的観点から日蓮は、「五障三従」の「五障」と「変成男子」については真正面から論じてはいません。「五障三従」については八か所、「五障」については三か所、日蓮文書に見ることができますが、そこでは法華経の受持《じゅじ》による成仏に力点があって「五障三従」への立ち入った議論はなされていません。

法華経だけが唯一「女人成仏」を説く経と位置づける日蓮は、成仏達成の条件を、南無妙法蓮華経の唱題や法華経の行者であることと結論しますが、この結論は男女に相違はないものです。日蓮にとって法華経は男女を嫌うことは有り得ないという当然の結論といえます。そして、女性の場合「変成男子」を遂げて成仏するのかについては「即身成仏」という表現を用いています。

日蓮の提婆達多品における竜女の成仏についての解釈は次のようなものです。「竜女・畜生道《ちくしょうどう》の衆生《しゅじょう》として戒緩《かいかん》（戒律《かいりつ》を持つのに怠慢《たいまん》なこと）の姿を改めずして即身成仏せし事は不思議なり」（四七三頁・三三六頁）と、畜生界から仏界への生命境涯の転換ととらえているのです。だから性的な変身ではなく境涯の転換であり、そういう意味からも変成男子説は否定しているといってよいでしょう。

ここで、ほぼ同じ時代状況にあった法然《ほうねん》と親鸞《しんらん》の場合を比較してみます。彼らが依《え》処《しょ》とする「無量寿経」にも女人成仏の条件として「変成男子」説が記されているのです。「無量寿経」第三十五願に「それ女人ありて、わが名字をききて、歓喜信楽《かんきしんぎょう》し、菩提心《ぼだいしん》をおこして、女身を厭悪《えんお》せん、寿終之後《じゅじゅうのち》に、また女像とならば、正覚《しょうかく》をとらじ」と、女身を厭悪するというように明らかに「変成男子」説に立っています。

法然はこの「無量寿経」第三十五願を釈して「つらつらこの事を案ずるに女人は障《さわ》り重くして、明らかに女人に約せば、即ち疑心を生ぜむ。そのゆえは、女人は過《あやまち》多く障り深くして、一切の処に嫌われたり」（「無量寿経釈」）といい、女人差別の観念を肯定しています。法然は女人往生《おうじょう》に関してその代表作「選択集《せんちゃくしゅう》」でもまったく触れず、他の著述にもほとんど見られません。

また親鸞は「浄土和讃《わさん》」に「弥陀《みだ》の大悲《だいひ》深ければ　仏智の不思議をあらわして　変成男子の願をたて　女人成仏ちかひたり」、「高僧和讃」に「弥陀の名　願によらざれば　百千万劫《ひゃくせんまんこう》すぐれども　いつつのさわりはなれねば　女身をいかが転ずべき」と明確に「変成男子」を詠《うた》っているのです。

実は、浄土系の学者にとって、この祖師《そし》の「変成男子」肯定論をどう解釈するかが、悩みの種になっているのです。これに関連して、法然・親鸞の「女人成仏」観にはもう一つの問題点があります。それは「浄土には女性はいない」という先師の論の一節をどうとらえるかという問題です。

これは竜樹《りゅうじゅ》の「十二礼《じゅうにらい》」、世親《せしん》の「浄土論」、曇鸞《どんらん》の「浄土論註」、善導《ぜんどう》の「往生礼讃《おうじょうらいさん》」などに述べられ、浄土には女性はいないとしている問題です。経論の意を尊重するなら、女人は「変成男子」した上で「浄土往生」しなければなりません。どうやら法然も親鸞もこの考えに立っているようです。

以上のことと日蓮を比較する場合、日蓮には来世観として「霊山浄土《りょうぜんじょうど》」を説きますが、ここへは明らかに女人のままで行けるので、その意味でも「変成男子」は女人成仏の条件にはなっていません。「即身成仏」という境涯の転換と考え合わせても女子からの変身論は否定しているのです。

次に教団的観点から見れば、日蓮の男女平等論は徹底しているといえます。その最たる理由は、日蓮初期教団において女性信徒が多く存在したからに他なりません。日蓮の門下の人数については、前にも述べましたが出家の弟子七〇人、在家の檀越一八九人を数えることができます。在家の男女別は、男性一三三人、女性五六人となります。ということはほぼ三割を女性信徒が占めていることがわかります。

鎌倉時代になると個人レベルで仏教を受容する傾向が強くなり、そういう中で日蓮教団に入る信徒はかなり信仰的自覚がしっかりしていたことがうかがえます。特に女性信徒が多いことは、日蓮の仏法が男女の差別なく成仏を説くものとして受け入れられていた動かしようのない証拠となります。

また檀越に与えた法名についても男女平等が徹底されているといえます。表のように、本尊に記される檀越の法名のうち、檀越男子には五七・五パーセント、女子には五四・五パーセントに日号《にちごう》を授けているのです。男女の差別なく法名を授け、その場合日号が最も多いことがわかります。

【本尊に記される檀越の法名と俗名】

	日○	妙○、○妙	その他の法名	俗名・続柄
男三三	一九（57・5パーセント）	三	○	一一
女一一	六（54・5パーセント）	一	三	一

（計四四人　内　法名は三二人）

本尊授与と法名授与は日蓮の門下として入門したことの具体的かつ重要な証《あかし》であり、そこに男女の差別を設《もう》けなかったことは、日蓮の本意がよく現れているといえます。

さらに女性信徒の法名を分析してみると、○○尼や尼○○や○○比丘尼《びくに》という表現と○○女という表現が見られ、尼と俗の二種類の女性門下があることがわかりますが、これについても差別をせず、法名も本尊も授与しています。

信心の上からとらえた時、大事なのは信心の有無であって、教団における立場の違い、信仰年数の違い、僧俗の違い、社会的身分、そして男女の性の違いなどで法の授け方に差別を設けるなどということはまったくなかったのです。もとより日蓮の仏法は、一切衆生に開かれたものであり、信仰に立つ門下であればどんな人であれ分《わ》け隔《へだ》てなく慈愛《じあい》を注いでいくというのが師としての日蓮の生き方だったのです。

師弟の連携

「良い報告はするが悪い報告はしない」というのはもちろん良いことではありません。「悪い報告こそ正確にただちにする」ことが大事です。どうしようかと悩み自分で抱え込んでいると、もっと取り返しのつかない事態に陥《おちい》ることがよくあるからです。

状況が悪ければ悪いほど、連携《れんけい》を密《みっ》にとってしかもすばやく適切な対応をしていく必要があるのです。建治三年（一二七七年）の日蓮と四条金吾の師弟の連携は、最悪の事態を回避《かいひ》したケースとして、その見事な対応に感心させられます。

建治三年六月九日、鎌倉・桑ケ谷《くわがやつ》で日蓮の弟子・三位房《さんみぼう》が京都から下ってきた竜象房《りゅうぞうぼう》という僧の説法の場に入り、これを打ち負かしました。四条金吾もこの場に参加し三位房と竜象房の問答《もんどう》を聞いていました。これを桑ケ谷問答といいます。

ところが極楽寺良観ともつながっていた竜象房はこともあろうに、問答の場で四条金吾が刀を振り回して狼藉《ろうぜき》を働いたと作り話を吹聴《ふいちょう》したのです。おそらく当日四条金吾の同僚たちもその場に居合わせていたらしく、口裏《くちうら》合わせをして四条金吾を陥《おとしい》れる策謀《さくぼう》をめぐらしたのです。それが主君・江間氏《えまし》（名越光時かその子）の耳に達し、ついに四条金吾に「信心を捨てる起請文《きしょうもん》を書け、書かなければ所領を没収する」との下文《くだしぶみ》（命令書）が突きつけられたのです。主君の下文の日付は六月二十三日でした。そして、四条金吾のもとに届けられたのは二十五日でした。

信仰を捨てるか、それとも社会的立場を失うか、二つに一つの重大な選択を迫られてしまったのです。もちろん四条金吾は説法の場で暴れた覚えはありません。ただちに主君に抗議してもよかったのですが、同僚たちも関わっていることであり、主君の判断ミスを認めさせてもけっしていい結果につながらないことはわかっていました。もともと短気な性格でしたが、四条金吾は鎌倉の門下の中心者としての自覚もあって、とにかく事の次第を日蓮に報告し、指導を仰ぐことにしたのです。その時、四条金吾は主君の下文とともに絶対に信仰を捨てないという思いをつづった誓状《せいじょう》をその日のうちに書き添えて師に送ったのです。

六月二十三日付の主君の下文が身延の日蓮のもとに着いたのは六月二十七日午後六時でした。「二十五日の御文《ふみ》・同月の二十七日の酉《とり》の時に来りて候、仰せ下さるる状と又起請かくまじきよしの御せいじやう《誓状》とを見候」（一一六三頁・一三六一頁）というように、この間わずか二日、事は緊急を要する事態でした。

日蓮は、すぐに四条金吾になりかわって、主君への弁明状《べんめいじょう》を書いています。これが「頼基陳状《よりもとちんじょう》」で、非常に長い文章になっています。おそらく最愛の弟子のために「頼基陳状」を何度も書いては消し、推敲《すいこう》をくりかえして完成させたようです。今もその下書きが二つ残っていることからもそのことがうかがえます。書き終わるとただちに鎌倉の四条金吾に届けさせました。

そして、「頼基陳状」に添えて書いた手紙には、さらに大学三郎か滝の太郎か富木常忍に見せて直してもらうよう指示しています。日蓮は一人の弟子が信仰のために迫害を受けていることに対して、全魂を込めて対応し、同志の応援体制も敷いて、万全の対策を講じたのです。

主君に陳状を提出した四条金吾は、しばらく謹慎《きんしん》の身となり、主君の沙汰《さた》を待っている状態でした。出仕《しゅっし》もできず、信仰活動もままならない状態での忍耐の日々でしたが、師・日蓮に励まされながら復帰《ふっき》の日を待ち続けていました。

その日は意外に早くやってきました。主君からの謹慎命令からわずか三か月後、九月に主君が病に倒れたのです。医術の心得《こころえ》のあった四条金吾が呼び出されることになったのです。四条金吾は誠心誠意、主君の治病《ちびょう》に当たりました。やがて主君の病気も回復し事態は大きく好転していきます。翌建治四年正月ついに謹慎が解けたのです。それればかりか九月には所領が加増《かぞう》され、さらに次の年にも加増され、とうとう陳状提出以前より三倍の所領を得るようになったのです。

逆境を契機に不屈の信念で立ち向かい、ついには乗り越え、見事に勝利の実証を示したのです。日蓮は信心と仕事を別にとらえるのではなく、信心は人生・生活と密接につながっており、信心即生活でなければならないと考えていました。「御みやづか《仕官》いを法華経とをぼしめせ」（一二九五頁・一四九三頁）という一節の通り、仕事を通して、主君の信頼を得たことが、そのまま四条金吾の信心の勝利につながることになったのです。

第四章

その生涯に貫く「日蓮の心」

この章は、前章まで述べてきたことと重なる部分もありますが、日蓮の生涯をたどっていきます。日蓮がどのような一生を歩《あゆ》んだのかを知るには、これまで膨大《ぼうだい》な概説《がいせつ》書や専門書が出版されており、学問的な解釈はそれらに任せることにして、ここではあくまでも「日蓮の心」を浮き彫りにしながら、その生涯をつづっていきます。

民衆のために立ち上がり
民衆のために戦い続け
民衆のために説き続け
民衆のために激励の生涯をかけぬける
目の前の一人に向かって、全魂《ぜんこん》を傾け
目の前の一人に向かって、その悩みに同苦《どうく》し共に泣く
どこまでも民衆を思い、眼前の一人に心を注ぐ

日蓮の生涯と心は、民衆そして眼の前の一人に焦点が当てられていたのです。

生誕

日蓮は承久《じょうきゅう》四年（一二二二年）二月十六日、日本のほぼ中央部に位置する千葉県南部において漁業を生業《なりわい》にする家に誕生しました。片田舎《かたいなか》の名もない庶民《しょみん》の出、これが日蓮の出発点でした。「民《たみ》が子」（一三三二頁・一七一四頁）と日蓮自身が述懐しているように、庶民の出であったことは大変重要です。

安房《あわ》（千葉県南部）の太平洋岸は当時の文化の中心・京都からも、政治の中心・鎌倉からも遠く離れた寂《さび》しい漁村の風景が続いていました。しかし、幼少から青年期を過ごした日蓮は、安房に対して特別な思いを注いでいます。その六十年の生涯の約三分の一を過ごした安房。ふるさとであり、誓いの地であり、修学《しゅうがく》の地であり、旅立ちの地でもある安房。そして父母がいて、兄弟がいて、同志がいて、師匠もいた安房。歴史的な南無妙法蓮華経の立教開宗《りっきょうかいしゅう》をこの地で行ったように、日蓮は生涯自分が生まれ育ったふるさとを愛し続けています。

誓願と出家

天福《てんぷく》元年（一二三三年）の春、十二歳にして日蓮は清澄寺《せいちょうじ》という天台宗寺院に入ります。

その数年後、十六歳の時、道善房《どうぜんぼう》という師のもとで出家《しゅっけ》しました。日蓮は出家までの数年間、乾いた土が水を得るように、仏教はもとより当時の学問の一般的素養《そよう》も身につけ、社会の事象《じしょう》にも深い関心と問題意識を持っていました。そのため田舎の寺であった清澄寺では、学ぶことはほとんどなくなってしまうほどでした。

回想表現によれば、入山直後、智慧の象徴《しょうちょう》でもある虚空蔵菩薩《こくうぞうぼさつ》の前で「日本第一の智者となし給へ」（八九三頁・一二三三頁）と誓願《せいがん》したといいます。この若き日の誓いは、後に日本第一の法華経の行者として未曽有《みぞう》の法難を乗り越え、また一切衆生《しゅじょう》を救済する末法《まっぽう》の正師《しょうし》として、未聞《みもん》の本尊を図顕《ずけん》したことで結実しています。若き日の誓いを保ち続け、ついにはその誓いのスケールさえもはるかに超えた生涯――それは一人の人間が持っている可能性に限界はないことと、それを引き出すことの大切さを私たちに示してくれているのです。

修学

出家後、日蓮は政都《せいと》・鎌倉や、仏教の中心地・関西へ修学します。

日蓮が出家し修学の旅に出たのは、三つの動機《どうき》がありました。

一つは、生死の問題に正面から取り組み、成仏の道をきわめていくという仏教者であれば、だれでもが思い願う根本的なものでした。しかし、日蓮はいまだかつてその解答を見いだした者はいないと考えていました。だからこそ仏教界は分派《ぶんぱ》し、混乱しているのだという認識を抱いていたのです。

二つはその分派の現状について、釈迦の説いた教えがなぜ八宗・十宗と分かれてしまったのか、釈迦の真実の教えは何かを解明することでした。

三つには、一国の君主たる天皇が臣下の手によって海中に没したり、遠島に流されたりして、武家の力が強大になっているが、政権の真の担《にな》い手《て》は朝廷《ちょうてい》か武家かどちらなのかという疑問の解明でした。

これらは奇《く》しくもこの時代の特質を見事に反映しています。有力なものが相互に認め合う共存共栄の時代から、唯一最高の道を選び、他を捨《す》てる選択《せんたく》の時代へと向かいつつあったのです。選択することは選び取るという行為の中に、必然的に他を選び捨てることにつながっています。

確かにあいまいさや妥協《だきょう》は、処世術としては世渡りじょうずに見えますが、信仰の次元では混乱を招き、人々をいたずらに迷い悩ませるだけです。しかし、人々の前に自分が確信する唯一最高の道を提示するためには、他が劣っていることを説明する責任と義務が同時に伴《ともな》うのです。

日蓮の修学は二十年にわたり、この選び取ることと選び捨てることとの理論的正当性を十分に練り上げていきます。そして結論として法華経を選び取ったのです。法華経には万人の成仏が説かれ、今この世界で現実に生きている人々のための釈迦の究極《きゅうきょく》の教えであることが明示されています。

立教開宗

そして、いよいよ二十年にわたる修学の成果を世に問う歴史的な日がやってきました。建長《けんちょう》五年（一二五三年）四月二十八日、日蓮は三十二歳にしてふるさと清澄寺において立教開宗を果たしました。その内容は、日本の念仏宗に対する徹底した破折《はしゃく》と、末法の法華経ともいうべき南無妙法蓮華経の宣言という顕正《けんしょう》が二本柱になっていました。この二つはまさに選捨《せんしゃ》と選取《せんしゅ》を併せ持った車の両輪のごとく、その後の日蓮の仏法弘通《ぐつう》の大道を切り開く牽引《けんいん》の働きをすることになるのです。

唱題行の創唱

日蓮が世に問うた南無妙法蓮華経とは、はたして日蓮の新義なのでしょうか。日蓮以前に南無妙法蓮華経を言う者があったか、なかったか。もし、あればどのような信仰形態を説いていたのか。

もちろん日本仏教の歴史にあって法華経は最も普及《ふきゅう》していた経典の一つでした。その題号でもある妙法蓮華経や、その妙法蓮華経に帰依《きえ》する意味を持つ南無妙法蓮華経は、けっして日蓮の命名ではありません。日蓮自身もその著述の中で、中国天台宗の南岳大師《なんがくだいし》の法華懺法《ほっけせんぽう》での「南無妙法蓮華経」、天台大師の「南無平等大慧《びょうどうだいえ》一乗妙法蓮華経」、日本天台宗の開祖、伝教《でんぎょう》大師の最後臨終《りんじゅう》の十生願《じっしょうがん》の記での「南無妙法蓮華経」などを引用しています（五一九頁・七六七頁）。

その他日蓮以前の時代の文献、遺物等にも「南無妙法蓮華経」を記す例は数多く見られます。しかし、それらは唯一最高の成道《じょうどう》への道として位置づけたものではありません。むしろ成仏の山を登る多数の道の一つと考えられていたにすぎなかったのです。

つまり、南無妙法蓮華経の唱題行を救済の第一の実践としたものではなく、日蓮以前においては唱題第一、唱題専修を標榜《ひょうぼう》した者はいなかったと結論できます。

その点で天台が唯一の例外として、「法華玄義《ほっけげんぎ》」において詳細な題号釈を加えたことは、法華思想史上特筆すべき業績であったといえます。事実、日蓮においても妙法蓮華経の一字一字それぞれの解釈は天台に譲《ゆず》っているほどです。しかし、天台大師との決定的な違いは、日蓮が法華経の題号そのものを信仰の根本においてその弘通にまで言及し、末法の法華経としての南無妙法蓮華経の唱題行が末法の衆生にもっともふさわしい実践と位置づけたところにあります。

そのような題目であるからこそ、「南無妙法蓮華経と唱うる人は日本国に一人も無し、日蓮始めて建長五年（一二五三年）夏の始より二十余年が間・唯一人……」（一三七九頁・一一四〇頁）と明言しているのです。まさに日蓮は唱題の創唱者《そうしょうしゃ》であったのです。

謗法弾呵

次に破折の面を考えてみましょう。

日蓮は修学期に「一つの不思議」を抱いています。

この「不思議」とは、日本の仏教は各宗いろいろあるが、教えの根本は皆同じはずで一心《いっしん》に信じ行じていけば、生死を離れる身になるはずであるのに、今の日本国の人々は苦しみにあえいでいるのはどうしたことであろうか、という疑問を指しています。そして日蓮はこの「不思議」の内容を、人々が仏法を信奉《しんぽう》しながら知らず知らずのうちに「謗法《ほうぼう》」を犯しているからだと考えたのです。謗法とは正法《しょうほう》に対する誹謗《ひぼう》をいいます。

日蓮は長期の徹底した修学の中で、仏法の乱れが日本国の人々を謗法への道に引きずりこんでいると見抜いたのです。従来、日蓮の他宗に対する激しい攻撃姿勢を評価して、非寛容《ひかんよう》、独善体質と見る向きも多いのですが、他宗破折の言動にはどこまでも民衆の幸・不幸に視点を置いた「日蓮の心」があることを忘れてはならないでしょう。

すなわち苦悩にあえぐ民衆を幸福につなげるための顕正論と、不幸の原因を取り除こうとする破邪論《はじゃ》は、もともと日蓮の心の中では同時に進めるべきテーマだったのです。こうして見ると、日蓮の立教開宗は、まず釈迦一代五十年の説法の中から法華経を第一として位置づけ、この経こそ釈迦出世《しゅっせ》の本懐《ほんかい》とし、法華経とそれを説いた釈迦への信仰を前提とした上で、日蓮独自の破折論と顕正論へと展開されていることがわかります。

実は、日蓮は清澄寺にもどった後、立教開宗に至るまでの間、発表の内容をどこまで踏み込むのか、熟慮《じゅくりょ》を重ねています。法華経と釈迦への信仰と、顕正面の題目の宣言は決めていたものの、破折の面、すなわち念仏謗法論を明言すべきかどうかについての熟慮があったのです。

「いはずば・慈悲《じひ》なきに・にたり……いうならば三障四魔《さんしょうしま》（激しい迫害）必ず競い起る」（二〇〇頁・五五六頁）という回想表現に見られるように重大な選択を迫られる中で、結局は「二辺の中には・いうべし」（二〇〇頁・五五七頁）と結論し、布教への道へ踏み出したのです。それは釈迦が成道後、悟《さと》りの法を衆生に説くべきかどうか三週間にわたって熟慮を重ねたことを彷彿《ほうふつ》とさせるものです。

日蓮の決断を後押ししたものは、やはり法華経でした。日蓮は、法華経に説かれる法難の一節一節をかみしめながら、自らが受ける迫害に対して覚悟を決めたのです。むしろ、言わないことで日本国の人々の苦悩を放置する無慈悲を問題にしていたのだといえるでしょう。

「此れを申さずは仏誓《ぶっせい》に違《い》する上・一切衆生の怨敵《おんてき》なり」（一四六〇頁・一〇八六頁）という通り、言い切っていくことこそ末法の正師としてのとるべき道であったのです。

こうして謗法への対決姿勢を立教開宗に盛り込み、予想された激しい弾圧をものともせず、破邪顕正の一路を法華経の行者として民衆布教への道をつき進むことになったのです。

だから日蓮の立教開宗は、単なる修学僧の研究発表というようなイメージは微塵《みじん》も感じられません。どこまでも民衆原点に立っての奥深い慈悲から発する法華経の行者としての勇猛果敢《ゆうもうかかん》なスタートであったのです。

天変地異

立教開宗の後、しばらくして日蓮は布教の中心拠点を政都・鎌倉に定めます。このころ天変地異《てんぺんちい》が次々と現れ、鎌倉の人々を恐怖に陥《おとしい》れました。

建長六年（一二五四年）七月の暴風雨、康元《こうげん》元年（一二五六年）六月の洪水《こうずい》、同八月六日の大風、洪水、疫病《えきびょう》流行、そして正嘉《しょうか》元年（一二五七年）八月二十三日には前代未聞の大地震が起き、鎌倉中の家屋《かおく》が倒壊《とうかい》したのです。この間、大流星・月蝕《げっしょく》・旱《かん》魃《ばつ》・雹《ひょう》・降灰《こうはい》・山崩れなどが起き、民家の倒壊・河川の決壊《けっかい》・穀類損亡《こくるいそんもう》を招き、果ては強盗・殺人・人身売買といった人災まで引き起こしていきました。

特に正嘉元年八月二十三日の大地震が鎌倉中の民衆に与えた被害の甚大《じんだい》さは、それを目《ま》の当たりにした日蓮にとっては生涯忘れることのできない衝撃的な出来事となりました。

仏教は本来、民衆に光を当て、不幸を幸福に、不安を安心に、迷いを悟りにと転換するために説かれたはずであり、これだけ仏教が広まっているにもかかわらず、なぜ人々はこんなに苦しまなければならないのか。日蓮はこのような悲惨《ひさん》な現実を前に行動を起こしました。そして、その行動の矛先《ほこさき》は時の為政者《いせいしゃ》に対して向けられます。文《ぶん》応《おう》元年（一二六〇年）七月十六日、日蓮は時の最高の権力者・北条時頼《ときより》に対して「立正安国論」を提出し、強く政治家の姿勢の誤りを正す行動に出たのです。

日蓮は、常に現実を直視し続けています。仏教は現実の中に息づくものであり、現実を離れた仏教は仏教ではないと考え、時の政治が民衆を不幸にするようなものであるならば、諫《いさ》めるのが仏教者として当然の行為であると考えたからです。

日蓮の「立正安国論」には国の字を五十六か所にわたって囻と記しています。日蓮にとっての国は王を中心に据《す》えるのではなく、民衆が中心にいるととらえたことがうかがわれます。民衆のためにこそ法華経も日蓮もましてや為政者もあるという考えが一貫して流れていたのです。

松葉ケ谷の法難と伊豆流罪

「立正安国論」を受け取った幕府は、これを無視しています。名もない身分も卑《いや》しい一僧侶の訴えなど聞き入れるはずもありませんでした。しかし念仏宗批判を中心とした「立正安国論」の内容は、鎌倉の念仏信仰者の反感を買い、日蓮の身に危険が迫りました。提出して一か月あまり経《た》って、突然日蓮は鎌倉の松葉ケ谷《まつばがやつ》の住居を念仏者たちによって襲撃されます。これが日蓮が後に言う「大事の難・四度」（二〇〇頁・五五七頁）の最初、松葉ケ谷の法難です。

その後も念仏者たちは、鎌倉の有力な念仏僧を押し立てて法論を挑んできましたが、日蓮に勝てるはずもありません。ついには執権《しっけん》・長時《ながとき》の父で念仏の強信者《ごうしんじゃ》だった北条重時《しげとき》を動かしました。そして日蓮は逮捕《たいほ》され、伊豆（静岡県）へ流罪《るざい》されたのです。罪状は当時の幕府法の中にある悪口《あっこう》の咎《とが》と思われますが、これは日蓮が激しく念仏信仰を批判した「立正安国論」の内容によるものと考えられます。

二度目の大難、伊豆流罪によって流人《るにん》となった日蓮は、ある門下に手紙を送り、次のように心境を語っています。「流罪の身となって自分は大いに喜び、また大いに嘆《なげ》いている」（九三五頁・一二三三頁、意訳）と。それは、思う存分、法華経の研鑽《けんさん》と実践ができることへの喜びであり、自分を伊豆に流した人々や、日蓮を迫害する人々に業《ごう》をつくらせることに対する嘆きだというのです。

伊豆流罪中に日蓮の自覚は深まりを見せていきます。いままで「法華経の持経者《じきょうしゃ》」という立場であったのを「法華経の行者」と自らを呼ぶようになります。持経者は平安時代、主に法華経に説かれる五種の修行（受持《じゅじ》・読《どく》・誦《じゅ》・解説《げせつ》・書写《しょしゃ》の五つ）を根本に活動していた遁世《とんせい》の私度僧《しどそう》をいいますが、日蓮はそれとは一線を画す、「法華経の行者」と名乗ったのです。

法華経の行者の資格は法華経の経文に記されているような法難を受けるところにあります。日蓮は国家という権力から受けた法難を契機《けいき》に、法華経の行者であることを身をもって体験できたことを強く自覚するようになったのです。

法華経には釈迦滅後の法華経布教について、難事中の難事であり、さまざまな法難に遭《あ》うことがくりかえし記されています。日蓮はその法難という逆境《ぎゃっきょう》の中で、法華経を身で読むことができたことに深い感動を覚えたのです。

竜の口の法難

伊豆流罪から一年九か月後、日蓮は赦免《しゃめん》され鎌倉にもどりました。鎌倉での布教は流罪以前より拍車《はくしゃ》がかかり、いかなる権力からの弾圧にも屈《くっ》しない姿勢は揺《ゆ》るぎないものとなっていました。もとより法華経の行者・日蓮であるかぎり、迫害や弾圧は当然起こり得るものとの心構えはできていました。

このころ日蓮は母危篤《きとく》の知らせを聞いてふるさとにもどりますが、法難はここでも待ち受けていました。安房の念仏の強信者によって襲撃され、眉間《みけん》に刀きずを受け、右腕骨折《こっせつ》という重傷を負ったのです。これを襲撃された地名から小松原《こまつばら》の法難と呼んでいます。日蓮の三度目の大難でした。

傷も癒《い》え、日蓮はまた鎌倉にもどってきます。

政都・鎌倉は日蓮にとって法難の地であると同時に法戦の地でもあったのです。危険この上ない地をあえて戦いの舞台に選ぶ、何度追い出されてもかならずもどって戦い続ける、それは末法における正法の弘通が最も困難だからこそ、最も厳しい舞台に身を投じる日蓮らしい生き方をよく示しているといえるでしょう。

文永《ぶんえい》五年（一二六八年）、蒙古《もうこ》の皇帝フビライの書簡が日本に届きました。日本とのよしみを求めるこの書簡の最後には、日本が蒙古との国交を拒否《きょひ》すれば攻め込むことを示唆《しさ》する表現がつづられていました。まさに日蓮が「立正安国論」で予見した他国からの攻めが現実味を帯びてきたのです。日蓮はこの情報を聞いて、敢然と幕府要人、有力寺院の中心者たちに国難への警告を発しました。しかし、幕府は蒙古の国書を握りつぶし、日蓮の諫言《かんげん》をも無視したのです。

そんな中、鎌倉での日蓮の布教は着実に進み、日蓮からの批判の対象になっていた鎌倉仏教界も、日蓮教団の発展を快く思わなくなっていました。そうして文永八年（一二七一年）、日蓮の生涯中最大の法難すなわち竜《たつ》の口《くち》の法難が起こりました。竜の口の法難は、権威・権力との断固たる戦いの中で蒙《こうむ》った最大の法難です。

その発端《ほったん》は、良観《りょうかん》という幕府の強い庇護《ひご》を受けた僧の雨ごいの祈禱《きとう》をめぐって日蓮が対決を迫り、祈雨《きう》に失敗した良観が日蓮を強く憎み、幕府へ訴えたことにあります。祈雨をめぐって良観と対決したのは、けっして個人的な次元での争いなのではなく、これをきっかけにして、公場対決《こうじょうたいけつ》を迫り、幕府の宗教政策の誤りを正し、苦悩にあえぐ民衆救済への道を開く足がかりになれば、という思いからでした。そういう意味ではたとえ訴えられた立場であっても、日蓮がめざしてきた教義論争が公《おおやけ》の場で実現することは大きな前進を意味していたのです。

三年前の蒙古の牒状《ちょうじょう》到着以来、日蓮が起こしてきた諫暁《かんぎょう》行動が公場対決実現へと大きく進もうとしていました。

しかし、当時鎌倉仏教界の頂点に立っていた新義律宗《しんぎりっしゅう》の良観・念仏宗の良忠《りょうちゅう》・禅の道隆《どうりゅう》などが結束《けっそく》して日蓮への非難中傷を盛んに喧伝《けんでん》していったのです。それだけでなく、幕府権力者たちも自らの信仰を批判する日蓮を厳罰の対象ととらえ、中には一気に日蓮教団を壊滅《かいめつ》させようという考えを持つ者もいました。まさに日蓮は鎌倉宗教界・政界の権威・権力を相手とする四面楚歌《しめんそか》・孤立無援《こりつむえん》のただなかに立たされたのです。

そういう意味で、竜の口の法難は、世俗《せぞく》の次元での批判に走る卑劣《ひれつ》な仏教者の存在、宗教界がその権威をかさにこぞって結託《けったく》したこと、根も葉もない非難中傷、権力機構への讒言《ざんげん》、理不尽《りふじん》な刑の執行など、大がかりな「宗教弾圧」の構造がそなわっていたといえるでしょう。

九月十二日、住居を数百人もの武士に襲撃され逮捕された日蓮は、深夜になって竜の口の刑場《けいじょう》に連れ出され、斬首刑《ざんしゅけい》に処せられようとしました。その時、流星が夜空を輝かせ刑を執行する武士たちは恐れおののき大地にひれ伏したといいます。この異様な天変は、今日でも謎で説明がつかない不思議な現象ですが、ともかく日蓮が斬首刑を免《まぬか》れたのは事実です。

幕府は死刑をあきらめ、しばらくたってから佐渡の島に流罪する決定を下すことになります。権威、権力が総力で日蓮教団弾圧のための策謀《さくぼう》を巡《めぐ》らせ、日蓮を抹殺《まっさつ》する暴挙に出ても、日蓮とその仏法を破ることはついにできなかったのです。

末法の正師への自覚

佐渡に流罪された日蓮は、竜の口の法難を乗り越え、二年四か月にわたる流人生活を送ることになります。教団の行く末を考えれば、師は遠く極寒《ごっかん》の地へ流され、門下は厳しい幕府の監視のもとにあって、崩壊《ほうかい》してもおかしくない状況にありました。師を慕《した》う門下の中には、幕府に対して赦免運動を起こそうとする動きもでてきました。それを知った日蓮はこれを厳しく叱責《しっせき》しています。日蓮にとって流罪は、世俗的な次元での刑罰というよりも、宗教的な意味を持つ法難としてとらえていたので、世俗的な方法論に走る赦免運動は、誤った解決法と考えていたのです。

日蓮の思想はこの佐渡流罪中に大きな深まりを見せ、釈迦滅後における法華経流布《るふ》の使命を持つ「如来《にょらい》の使い」であることを自覚するに至ります。そして、法華経に説かれる二人の菩薩に着目するようになります。すなわち不軽菩薩《ふきょうぼさつ》と上行菩薩《じょうぎょうぼさつ》です。

不軽菩薩は二十四字の法華経を持ち、すべて自分が出会う衆生に対して、礼拝行《らいはいぎょう》を実践し、そのために杖《つえ》で打たれ、石を投げつけられる。そのような法難にもめげず、不軽菩薩はひたすら法華経流布に生涯をかけ、それによって自身の宿業《しゅくごう》を一切断ち切ったのです。日蓮はこの不軽菩薩の宿業の転換と一切衆生救済の慈悲のふるまいに自らを重ね合わせ、そこに菩薩道の模範を見いだしたのです。

上行菩薩は、釈迦滅後の法華経流布を託《たく》された相承《そうじょう》の弟子を代表しています。日蓮は末法思想に基づいて、末法は末法の法華経が流布する時代であるととらえ、それを南無妙法蓮華経として三十二歳の時以来広め続けてきました。そして、竜の口の法難を経《へ》て、自分こそが法華経の説法の場で釈迦から智慧の宝珠《ほうじゅ》である南無妙法蓮華経を付嘱《ふぞく》された上行菩薩であることを内外に示したのです。だから日蓮は不軽と上行を、仏教の綱格《こうかく》である慈悲と智慧を体現する菩薩としてとらえ、わが身に引き当てたといえるでしょう。

そして、今の世にあって、身をもって釈迦と法華経の証明をすることができるのは自分一人しかいないという自負《じふ》と法悦《ほうえつ》の心に満ちあふれていました。だから日蓮は佐渡に流罪されても流人として気落ちしている様子はまったくありません。むしろ自身の宗教的な存在の意義と教義の正当性を次々と著作に表していったのです。

日蓮が佐渡で著《あらわ》した重要な著作に「開目抄《かいもくしょう》」と「観心本尊抄《かんじんのほんぞんしょう》」があります。「開目抄」は、日蓮が深い思索の末に結論として到達した末法の正師としての自覚の表明をしたものであり、「観心本尊抄」は日蓮仏法の実践形態を明示するために、南無妙法蓮華経の唱題行の対象としての本尊の相貌《そうみょう》とその意義について述べたものです。これによって日蓮仏法の骨格が明示されることになります。

このころ幕府にとって、蒙古問題は最大の関心事でした。幕府の総力を挙げて襲来を防ぎ止めなければならない状況にあって、幕府は、かねてからこの外患《がいかん》を予見《よけん》し、警鐘《けいしょう》を鳴らしていた日蓮に強い関心を示すようになっていました。

幕府は国運を懸《か》けて北九州の防備に全魂を傾けており、全国の寺社に対しても敵国降伏《ごうぶく》の祈禱を命じていました。日蓮が流罪赦免になった理由としては、幕府がこの外患に対して日蓮の意見を求め、祈禱を要請する必要が生じたことが考えられます。

いずれにしても当時、二度も流罪にあって二度とも赦免になった人はきわめてまれでした。天皇を経験した上皇《じょうこう》でさえ流罪されてもどった者がいない時代です。しかも、襲撃されること二度、斬首刑一歩手前までいった日蓮が生きているという事自体が奇《き》跡《せき》的といえます。しかし、日蓮はこの奇跡的体験を当然のように受けとめていました。なぜなら法華経の説相《せっそう》通りであれば、そこに襲いかかる法難を乗り越える法華経の行者の生き方に敗北はありえないと確信していたからです。

鎌倉から身延へ

文永十一年（一二七四年）、日蓮は佐渡から凱旋《がいせん》しました。それは宗教的な意味での凱旋といえるでしょう。幕府は日蓮に対して今度は罪人ではなく、意見を拝聴《はいちょう》する姿勢で日蓮に厚く接しています。

日蓮は蒙古が今年中に攻めてくると断言します。この時、幕府は日蓮に対して、甘い誘《さそ》いの提案をしています。敵国調伏《ちょうぶく》の祈禱のために一等地を寄進《きしん》し、寺院を建立《こんりゅう》するから幕府安泰のため協力してほしいと提案してきたのです。

しかし、日蓮は他宗とともに行うような祈禱は到底受け入れられないと即時に断わりました。おそらく日蓮がこの時幕府の寄進を受け入れていたなら、日蓮教団は鎌倉で市民権を得て一定の教団として存続していったかもしれません。しかし、その体質は権力依存の護国仏教《ごこくぶっきょう》という前代の仏教界となんら体質の変わらない一宗として終わってしまうことは明らかです。

日蓮という人は、地位や名誉や財産というような世俗の次元にけっして振り回されない宗教的自立心の強靱《きょうじん》な人だったのです。宗教者として勝利しなければ、世俗における幸福は勝ち取れない。この生き方は「立正」なくして「安国」なしという「立正安国論」の精神以来持ち続けてきた日蓮の人生哲学なのです。

五月、日蓮は諫言し続けてきた幕府の姿勢を見限って鎌倉を出ます。そして身延《みのぶ》（山梨県）に入り、以来、弘安《こうあん》五年（一二八二年）九月までの八年と四か月の間、日蓮は一度も身延を出ることはありませんでした。

度重《たびかさ》なる法難で一所定住《いっしょていじゅう》を許されなかった日蓮の足跡と、身延時代を較《くら》べる時、激動と平穏《へいおん》といえるくらいあまりに対照的です。そのため、身延入山を批判的に世捨《よす》て人になったととらえる学者は少なくありません。しかし、身延時代の日蓮の生き方からは「世捨て人」のイメージは微塵もないのです。身延入山は隠棲《いんせい》などではけっしてなく、日蓮仏法の総仕上げと人材育成をめざす多忙な日々の始まりだったのです。

日蓮が本格的に開始したものは真言破折でした。幕府が有力寺院に命じた蒙古襲来に対する敵国調伏は、その大半が真言式の祈禱によるものでした。このころ日蓮は真言の祈禱がかえって国を滅ぼすことを憂慮《ゆうりょ》し、破折のための研鑽を続けています。

なぜ日蓮は真言の破折に比重を置いたのか、それは、日蓮滅後に日蓮仏法が興隆するために避けては通れない関門だったからです。

末法万年にわたる揺るぎない正法流布の基盤を確立するためになさねばならないこと、それは「法門の総仕上げ」と「門下の育成」に尽きます。いうまでもなく、法がいかに偉大であっても、師の本意を身をもって体現する後継者なくして仏法流布はありえません。

まさに日蓮の仏法の命運《めいうん》は、後継伝持《でんじ》の弟子の成長にかかっていたのです。おそらく日蓮は身延にあって、自身の立場を伝教大師の思想と生涯に照らし合わせていたと考えられます。日蓮にとって伝教大師は、「根本《こんぽん》大師（日本天台宗の本山・比叡山《ひえいざん》の根本中堂を開創《かいそう》した伝教大師のこと）門人」（九四〇頁・三九一頁）と自らを規定したように法華経信仰の師でありました。しかし、伝教大師の生涯とその後継の弟子のありさまを見ると、「法門の総仕上げ」と「門下の育成」の両面においては悔《く》いの残る結果となっています。

伝教の晩年は、法相宗《ほっそうしゅう》との論争、国家公認の戒壇《かいだん》建立への奔走《ほんそう》に費《つい》やされ、法門の確立もままなりませんでした。それに当時天台宗を圧倒していた空海《くうかい》の真言宗への厚い朝廷の保護を目の当たりにしながら、さらには後継と目《もく》された弟子・泰範《たいはん》のうらぎり（真言宗の空海の弟子になってしまった）なども重なり、無念のうちに逝《い》ってしまった生涯でした。

法華第一が伝教の本意であったにせよ、法門の総仕上げが中途で終わったことが結果として「門下の育成」の面でも伝教の本意から離れ、念仏や禅を標榜する者が出てくる余地を残してしまったのです。その中で極《きわ》めつけは「日本天台宗の真言化」でした。その道を開いたのが伝教の弟子・慈覚《じかく》（天台宗第三代座主《ざす》）と智証《ちしょう》（天台宗第五代座主）でした。

だからこそ、日蓮は身延期に慈覚・智証の二人をとり上げて徹底破折を開始したのです。身延の日蓮にとっては、多事に煩《わずら》わされた伝教の晩年と比叡山の行く末を、同じ轍《てつ》を踏んではならない他山の石ととらえていたのでしょう。師・伝教の本意からはずれた慈覚・智証を打ち破ることによって、将来の日蓮教団を担うものへの警鐘を鳴らし、また真言を打ち破ることによって、日蓮の仏法の位置づけをより明確にするという深謀遠慮《しんぼうえんりょ》が感じられるのです。

門下の育成

日蓮はもう一つの重要な課題である「門下の育成」にも力を注いでいます。佐渡流罪によって、強盛《ごうじょう》の信心を貫《つらぬ》いた檀越《だんのつ》と退転《たいてん》していった檀越が二分され、教団としての再建は急務でした。権力による師への弾圧は、いつの時代にあってもほんものとにせものの弟子たちの違いをはっきりとさせ、退転者の続出によって教団の土台は大きく揺らいでしまうのが常です。

身延に一人立った日蓮は、再建に向けてもう一度「門下の育成」に取り組む決意を固めていたのでしょう。それは、今に伝わる膨大な量の「消息《しょうそく》（手紙）」が雄弁に物語ってくれています。日蓮の著作・消息は一部のみ残っている断簡《だんかん》もあわせると、真筆が現存するものだけでも、六〇〇編あまりもあります。著名な歴史的人物の中でこのような膨大な真筆が現存する例は日蓮をおいて他にはありません。日蓮が門下に与えた本尊もわかっているだけで一二八体が今に伝えられています。それほど日蓮に与えられた本尊や消息は門下たちの大きな心の支えとして大切に継承《けいしょう》されていったことがうかがえます。

日蓮の消息の特徴は、供養《くよう》に対する御礼の書き出しで始まりますが、たんなる礼状で済ませたものはほとんどありません。かならず信仰の心構えに触れ、その門下の信心や生活の状況に合わせた故事《こじ》や仏教説話、歴史的出来事を引用して、わかりやすく信心を基本にした生き方を示しています。

そこには日蓮という人の、一人一人を大切にする非常にこまやかな配慮とあたたかな励ましを通した慈愛《じあい》が感じとれます。一方では邪悪《じゃあく》な権力には妥協することなく命がけで戦う激しさも併せ持つ日蓮は、繊細《せんさい》にして大胆、心根《こころね》深くして勇敢な生き方を自在に発揮して人々を魅了《みりょう》しているのです。

度重なる法難に屈することなく主張を貫き通した師・日蓮の生き方を目の当たりにした門下たちは、師からの「消息」を胸に刻《きざ》み、実践の糧《かて》として、それぞれの生活環境の中で屹立《きつりつ》した信心の戦いを開始していったのです。

弘安五年（一二八二年）十月十三日、日蓮は六十年の生涯の幕を閉じます。

思えば、日蓮の生きた時代は、封建制度《ほうけんせいど》が確立し、武力を背景に民衆を支配していく権力者のための社会が形成されていました。仏教界も権力者の保護のもとに、権力依存体質を強めていました。そういう時代にあって日蓮は、仏教が身分の差別なく、貧富《ひんぷ》の差別もなく、さらには男女の差別も、僧と在家の差別さえもない、すべての人に開かれた教えであることを訴え続けたのです。そして、仏教を人生の根本において、利他《りた》の精神を持つ揺るぎない人間形成をめざし、社会貢献をなしゆく人間としてのあるべき道を説き続けたのです。

それは仏教を民衆の側にとりもどす仏教改革運動であり、民衆の心に希望と勇気を灯《とも》していく精神の復興運動でもあったといってよいでしょう。

日蓮は自らのふるまいを通して、現代に生きる私たちにもメッセージを送り続けているような気がしてなりません。

「最高の哲学を持ち、慈悲の大道を生き、苦難をも成長の糧として、自身の持つ力を最大限に発揮し、活《い》かしきることこそ人生の勝利者である」と。

第五章

現代にいきる「日蓮の心」

この章では、はじめに日蓮とは少し離れた内容になりますが、日本人の宗教観や仏教観について述べてみたいと思います。はたして現代を生きる人間にとって宗教は必要な存在なのでしょうか。また大半の日本人が抱いている宗教観や仏教観は、正しく宗教の持つ役割や意義を的確にとらえているのでしょうか。

その答えは、残念ながら宗教なかんずく仏教は現代に生きる人々から誤解されているといわざるをえません。そして、その原因は受け取る側にあるのではなく、伝える側にその責任の大半があると私は思います。それは歴史の流れの中で、仏教者が右往左往《うおうさおう》しながら本質を見失ったり、放棄《ほうき》してしまった経過があったからなのです。

仏教を創始《そうし》した釈迦にしても、鎌倉時代の日蓮にしても、人生そのものをテーマにした信仰の重要性、必要性を説き続けています。

今こそ釈迦や日蓮に立ち返って、その生き方に学び、仏教を生きる指針として、自分自身の人生をより豊かなものにしていくことを心から願うものです。

日本人の宗教観

日本人の宗教観は、かなりいいかげんなものです。

いちおう日本は仏教国ということになっていますが、自分は仏教徒であるという言い方をする日本人はあまりいないでしょう。要するに日本人にとっての仏教は、生活とは切り離せないわけでもなく、生きる指針を与えてくれるわけでもない。むしろ今の仏教の現状は、なくても生活・人生が成り立ってしまう方向で進んでいるといっても過言ではありません。宗教は本来、今を生きる人のために、希望と安心を与え、心の奥底を貫《つらぬ》く人生観に深く関わるところに存在意義があるといえます。けっして気休めでもなく、苦しい時の緊急避難場でもありません。

どうして日本人の宗教観はいいかげんなのか。それは、ごく一般的な日本人の宗教との関わりを見れば、すぐにわかります。おそらく、日本人が宗教と関わりを持つのは、宗教儀礼《ぎれい》行事へ参加する場合がほとんどであるといえます。

儀礼や行事には主に年中行事と生涯儀礼があります。

年中行事では、一月に神社に初詣《はつもうで》に行きますが、神社側はこれらの参拝客を氏子《うじこ》として信者数に計算しています。そのため神祇信仰《じんぎしんこう》の氏子数は大幅に膨《ふく》れ上がることになります。二月や九月はお彼岸《ひがん》で墓参りに行きますが、墓はだいたい寺院にあるのでこの時は仏教徒ということになります。

二月には十四日のバレンタイン・デイがあり、女性は男性にチョコレートをおくる習慣がかなり定着しています。そもそもバレンタインはローマ皇帝に処刑されたキリスト教の聖人で、殺された日がこの日だったことに由来《ゆらい》しています。宗教性はまったく見られないものの、キリスト教と深い関係を持つ儀礼であることはまちがいありません。

もっと国民的行事になっているのは、キリストの誕生日にあたる十二月二十五日のクリスマスです。ケーキで祝い合う明るい行事として完全に定着したこの儀礼も、キリスト教の宗教儀礼に由来するものです。八月は十五日を中心に帰省《きせい》列車も高速道路も満杯になって毎年のように新聞記事をにぎわしていますが、これはお盆《ぼん》の行事で故郷にある先祖の墓参りをする風習にのっとった仏教行事です。だいたいの日本人はこれらの宗教的年中行事をこなしているわけです。

考えてみれば、ある時は神社の氏子、ある時はキリスト教徒、ある時は仏教徒というように、いとも簡単に違う宗教行事を渡り歩く日本人の器用さに感心するばかりです。いや感心するというよりやはり節操《せっそう》がないとしかいいようがありません。そして、極《きわ》めつけは、そういう人たちにあなたはどんな宗教を信じていますか、と問うと「無宗教です」と言い放つわけです。

これは生涯儀礼についても同様です。生涯儀礼とは文字通り生まれてから死ぬまでに関わる儀礼で、これも宗教と密接につながるものが多いのです。日本人は生まれて七日目に「お七夜《しちや》」といって神社に詣《もう》でる。結婚式はだいたいキリスト教の教会式か神官による神前結婚式をする。そして死ぬと坊さんを呼んで仏教葬を催《もよお》す。おまけに四十九日だ、一周忌《いっしゅうき》だ三回忌だといって仏教式の法事《ほうじ》が執《と》り行われます。

ここまで言えばおわかりのように、生涯儀礼においても日本人の多くは神社の氏子・キリスト教徒・仏教徒を使い分けて一生を送っている実態があります。

これらは日本人を非難するよりも、むしろ宗教者の姿勢に大きな問題があることを指摘しなければならないでしょう。少なくとも宗教とは何かを提示するのは宗教者の重要な役割であり使命であるはずです。日本の宗教者はこれらの儀礼のおかげで、自分たちが宗教者としてなんとか生きながらえるというような甘えと錯覚《さっかく》に陥《おちい》っているような気がしてなりません。宗教者自身が形式にとらわれ「心」を失った憂《うれ》うべき実態がここにはあるといえます。

だから「日本は仏教国」であるという中味をよく見れば、たんに日本人の大半が仏教儀礼に参加する風習が定着しているにすぎないのです。しかも、さらに悪いことは、そのほとんどが人の死と死以後にくり広げられる「仏教の葬送《そうそう》儀礼」への参加に集約されることです。

今の葬式や法事は、仏教の精神からすればおかしなことが無数に存在しています。死んだ人のことをまったくといっていいほど知らない坊さんが、どうして死者に引導《いんどう》を渡せるのか。そもそもその引導とはいったい何なのか。生前にいいかげんな信仰をしている人でも僧の力一つで本当に死者は浮かばれるのか。浮かばれるなら生きている時の信仰などどうでもいいことになってしまうのではないか。どうして戒名《かいみょう》を付けなければいけないのか。戒名料がやたら高いのはなぜか。死んだ人は自分の戒名を知らなくてもいいのか。そもそも死後戒名の風習は世界の中で日本にしかないが、戒名のない外国人は皆あの世でさまようことになるのか。なぜ何回も法事をしなければいけないのか。どうして納骨《のうこつ》した後の管理料や永代供養料《えいたいくようりょう》の話だけは、きちんとやるのか。どうして坊さんは死ぬ前から積極的に関わりを持とうと努力しないのか、などなど。それこそ聞きたい疑問はあげればきりがありません。

今や無宗教の葬式や、僧を呼ばない友人葬《ゆうじんそう》などが増え続けており、豪勢な墓もつくらずマンション式のお墓や、散骨《さんこつ》の要望なども出てきて、仏教寺院・僧侶の生活を奪いかねない方向へと確実に進んでいるのが現状です。

「私は無宗教です」と言う日本人が増え続けるかぎり、仏教の明日に希望は見いだせません。「死」を生活の糧《かて》にするような、仏教の精神を「死」においやった日本仏教界は、今や自らの「死」に向かって確実に進んでいるといわざるをえません。それは生きている人を相手にしないで、死んだ人を相手にした自業自得《じごうじとく》のなせる業《わざ》なのかもしれません。まさに自分で自分の墓穴《ぼけつ》を掘り続けているのです。

そのような姿勢が日本人の宗教観に大きな影を落としてしまったことも日本仏教の問題点の一つといえます。「仏教とは」と連想ゲームのように問いかけると、出てくるイメージは「墓」「葬式」「法事」「寺」「お経」「坊さん」などで、ほとんどが死とつながる暗さばかりが際立っています。

「諦《あきら》める」という言葉がありますが、本来の仏教の教義からいえば、これは人生の「苦」を明らかにするという意味で、積極的に人生を切り開こうとする意義が込められていたのです。釈迦が説いたとされる四諦《したい》の法（苦諦《くたい》・集諦《じゅうたい》・滅諦《めったい》・道諦《どうたい》の四つ）の「諦」の字は「あきらめる」のではなく「あきらかにする」のが本来の読み方なのです。それが現代では「あきらめる」と読んで、努力することを止めてしまい人生を投げ出すような意味にすり変わってしまっています。日本の仏教が「明」が「暗」に、「生」が「死」に変わってしまった体質を象徴《しょうちょう》している文字だといえるでしょう。

現代は「心」の喪失《そうしつ》がさかんに叫ばれています。仏教者の使命は、この現状を変革し、「心」の時代をとりもどすことにあるはずです。ところが、その仏教者自身が仏教の「心」を失ってしまっている現実を思う時、「心」はますます暗くなるばかりなのです。日本人の多くが抱いている宗教のイメージが、このような宗教者側の怠慢《たいまん》によってゆがめられていることはたいへん残念なことです。と同時に、宗教をたんなる風習のように、また心のなぐさめのようにしか見ない日本人の心のまずしさにも悲しさを感じるのです。宗教の本来の使命は、自身を高め、人を慈《いつく》しみ、社会に貢献《こうけん》する人格の形成、心の豊かさを培《つちか》うところにあります。そういう宗教観を持てる日本人になってほしいと心から思わずにはいられません。

生きるための宗教

本来仏教は「生の宗教」だったはずです。

それがなぜ日本の仏教が「死」の仏教と化してしまったのでしょうか。それは仏教の目的とし使命とする「生きるための宗教」を時代とともに放棄していったからに他なりません。

その放棄の内容を歴史的に述べてみましょう。

室町時代も後半になると仏教界は大きな転換期を迎えます。それまでは守護大名《しゅごだいみょう》の帰依《きえ》を受け、仏教界は彼らの権力と保護に依存し経済的にも安定していました。ところが足利《あしかが》幕府と将軍の権威の弱体化とともに戦乱の時代に突入し、戦国大名が群雄割拠《ぐんゆうかっきょ》する中で、寺院も戦乱の渦《うず》に巻き込まれていきます。仏教界は依存していた大名が隣の国の大名に倒されてしまえば、経済的基盤を失いかねない危機にさらされたのです。

一方そのころ台頭してきたのが、農民や町衆《まちしゅう》の人たち、つまり庶民《しょみん》だったのです。今まで荘園《しょうえん》の枠《わく》の中に閉じこめられ、虐《しいた》げられていた農民層は荘園の枠を超えて、惣村《そうそん》を結成し、団結して大名たちの過酷《かこく》な年貢《ねんぐ》取り立てに対抗し、自衛組織を作り上げていきました。まさに時代は中世から近世への過度期《かとき》でもあったのです。

農民は著《いちじる》しい農耕技術の進展にともない、次第に豊かになり、支配者層に対する発言力も増していきました。場合によっては一揆《いっき》を起こして、大名にも対抗するような強力な農民の自治組織も生まれたのです。

農民たちには一つの夢がありました。それは自分たちも僧を呼んできちんと葬式をやり、法事も執り行いたい。また自分の墓も持ちたいというものでした。それまで貴族・武士階級がやっていた葬送儀礼を自分たちもやりたいという自然な気持ちの表れでした。

仏教界はそこに目をつけたのです。庶民は仏教を求めている。自分たちはそれを提供できる立場にある。まさに葬送儀礼を商品とする需要と供給の条件は十分に満たされていたのです。権力者の擁護《ようご》のもとで生きてきた寄生体質への限界を感じていた仏教者たちは、民衆に向かってなだれをうって降りていったのです。こうして仏教界はその体質を「死」と「死以後」の世界の司祭者《しさいしゃ》として体質を転換していくことになります。仏教が庶民化したといえば聞こえはいいのですが、その実態は「生の仏教の放棄」に他ならなかったのです。

放棄は次の江戸時代にも行われることになります。すなわち徳川幕府主導の封建《ほうけん》体制下に仏教界も組み込まれ、檀家制度《だんかせいど》の成立とともに「布教の放棄」を強制され自発性を失っていったのです。

さらに放棄は続きました。明治時代になると、廃仏毀釈《はいぶつきしゃく》の嵐の中で明治政府からは僧侶の妻帯勝手令《さいたいかってれい》が打ち出され、全国の寺々で僧の妻帯が公然と行われていきました。これによって僧侶の「出家《しゅっけ》の放棄」が決定的となり、日本の仏教の特質ともいうべき僧の妻帯が波及《はきゅう》していったのです。そもそも出家とは文字通り家を出ることですから、妻子を持たないことが前提です。家族持ちの出家僧というのはどう考えてもおかしい、むしろそれは在家《ざいけ》というべきで、日本の僧侶はほとんどが在家僧という矛盾《むじゅん》した存在になってしまったのです。

さて、この三つの放棄の時代、約五百年の間に政治権力に迎合《げいごう》しながらも伝統教団は、巧《たく》みに仏教を権威化し、僧俗の上下関係を正統化させ、葬送儀礼の励行《れいこう》と寺通いを民衆に押しつける体質へと変質していきます。それは死を飾る仏教自体の死を予感させる道程だったといっても過言ではないでしょう。

戦後仏教界は在家中心の教団が多数成立していきますが、この現象は僧が在家を教《きょう》導《どう》する力を喪失《そうしつ》したことを如実《にょじつ》にものがたっています。庶民の智慧の向上と僧のレベルの低下が、「信徒の喪失」につながっていくのは時代の趨勢《すうせい》というべきです。

したがって、葬送儀礼を中心とする諸儀礼は、寺院経営の安定を図るため、中世後半以降編み出された日本的産物であったことを改めて認識し、本来あるべき仏教の姿を新しい世紀に向かってもう一度とらえ直す必要があるといえます。

このような日本化した仏教を変革する潮流は、むしろ在家主義教団の中に起こっているのが現状です。民衆のためにこそ説かれた仏教の原点は「菩薩道《ぼさつどう》の精神」であり、「人の死」よりも「人生の苦」を直視し、自己実現をめざす「生」の仏教への転換が、なされなければなりません。そういう意味で民衆を原点とするグローバルで普遍的《ふへんてき》な教義を持ち、日本仏教の再生をめざす活力のある在家主義教団の出現を、大いに期待したいと思います。

政治を監視せよ

日蓮は時の政治に対して強い関心を持っていました。これは釈迦を含めた多くの仏教者たちの中でも異例の存在だといえます。政治は民衆の生活に深い関わりを持っており、政治の善し悪しで民衆の幸・不幸が大きく左右することはいうまでもありません。だからこそ日蓮は政治に無関心ではいられなかったのです。日蓮の仏法が民衆のためにあるように、政治も民衆のためにあるべきだとすれば、政治と距離を置く宗教者はむしろ民衆に対する無責任な存在となりかねないのです。

日蓮の政治的行動は「立正安国論」の提出に象徴されます。文応《ぶんおう》元年（一二六〇年）に時の最高権力者・北条時頼《ときより》に提出しますが、「立正安国論」の提出はこの時が最初で最後ではありません。

「立正安国論」の真筆は中山法華経寺に現存し、これは文永《ぶんえい》六年のものです。全部で三十六紙あり、うち第二十四紙が欠けています。文応元年に提出した「立正安国論」の控えが身延山久遠寺《みのぶさんくおんじ》にかつて存在し、中山法華経寺の日通《にっつう》がこれを見て、第二十四紙に当たる部分を書写《しょしゃ》しています。しかし、明治八年の大火で身延蔵の真筆は焼失してしまいました。身延山久遠寺が所有していた真筆には「守護国家論《しゅごこっかろん》」「開目抄《かいもくしょう》」「報恩抄《ほうおんしょう》」「種種御振舞御書《しゅじゅおふるまいごしょ》」などの重書があり、これらを失ったことは残念でなりません。「立正安国論」の真筆が現存するのは、中山蔵の文永六年本の他、文永初期の断《だん》簡《かん》や弘安《こうあん》初期のものが残っていますから、幕府への諫暁《かんぎょう》の姿勢は生涯続いているといってよいでしょう。

日蓮の「立正安国論」の提出は「政治」と「宗教」の問題をめぐって、これまでもさまざまに議論されてきました。すなわち「王法《おうほう》」と「仏法」の関係を日蓮はどうとらえていたのか、という議論です。日蓮の「国家観」は、近代から現代にかけて大きな影響を与えてきています。

近代にあっては、国柱会《こくちゅうかい》の田中智学《たなかちがく》（一八六一～一九三九年）によって提唱された日蓮主義が多方面に広がり、国粋主義《こくすいしゅぎ》とも結びついて「立正」を根本とした平和楽土建設のため、日本のアジア進出を支える有力な思想として受け入れられました。田中智学はその主著『宗門の維新』の中で「日蓮は大元帥《だいげんすい》、法華経は剣、大日本帝国は大本営、日本国民は天兵」といい、愛国者・日蓮、救国の主・日蓮というイメージが広がっていったのです。戦後も創価学会による公明党の結成があり、日蓮仏法における「政治」と「宗教」の問題はいろいろと議論を引き起こしています。

また「立正安国論」の解釈をめぐって「先《ま》ず国家を祈《いの》りて須《すべから》く仏法を立つべし」（二六頁・二二〇頁）、「先ず国土を安んじて現当《げんとう》（現世と来世）を祈」（三一頁・二二五頁）るなどの「安国」が先か、それとも立正が先かという議論があります。しかし、大事なのは「立正安国論」著述の動機が、打ち続く災害、飢饉《ききん》、疫病《えきびょう》に苦悩する民衆の嘆《なげ》きに端を発していることをまず考えるべきでしょう。民《たみ》を救い、国を救う、それこそが政治の使命といえます。不安のどん底にいる民衆に、為政者《いせいしゃ》がどれだけ救いの手をさしのべることができるか、日蓮は民衆のための王法であることを強く期待したからこそ、あえて政治家を諫《いさ》める行動に出たといえます。

もちろん「立正安国論」の基調は念仏批判という宗教的な次元で民衆の不幸、国の乱れを指摘していますが、法華経を信ぜよとも、南無妙法蓮華経に帰依せよということは明言していません。だから為政者の誤った宗教観を正すことを表に立てながら、心は民衆救済の一点にあったことはおさえておく必要があります。

民あっての国という日蓮の信念がうかがわれるものに「囻」の字の使用があります。文永六年本の「立正安国論」には、くにがまえの中に民、すなわち囻の文字が五十六か所用いられています。普通、国や國を用いるのですが、日蓮が囻の字を多用したことは注目に値《あたい》します。欠けた第二十四紙を日通が文応元年本で補《おぎな》ったところにも「囻」の字があるので、日蓮は囻の字を文応元年の立正安国論提出の時からずっと用いていたことがわかります。囻の字の使用は「立正安国論」だけではありません。「強仁状御返事《ごうにんじょう》」（一八四頁・一一二二頁）「滝泉寺申状《りゅうせんじもうしじょう》」（八四九頁・一六七七頁）「転重軽受法門《てんじゅうきょうじゅ》」（一〇〇〇頁・五〇七頁）「曾谷《そや》入道殿許御書《もと》」（一〇二六頁・八九五頁）「千日尼御前御返事」（一三〇九頁・一五三八頁）の真筆に見ることができ、日蓮は晩年に至るまで囻の字を記しているのです。この文字に込められた「日蓮の心」を読む時、日蓮の国家観は、王のためにあるのではなく、民のためにこそあるという信念が、強く働いていることがわかります。

生涯、民衆のために、一切衆生《しゅじょう》の救済のために、これこそが日蓮の出世《しゅっせ》の本懐《ほんかい》（仏がこの世に出現した究極の目的）ともいうべきことであり、囻の文字はそれを象徴するものだったのです。

日蓮の民衆原点の思想は、為政者との対比の上でさらに鮮明さを増してきます。日蓮の生きた時代は、北条嫡流《ちゃくりゅう》の得宗家《とくそうけ》を中心とする封建政治が敷かれていました。それだけに武家の隆盛とは裏腹に、民衆は苦しい生活を強《し》いられていたのです。日蓮は支配者層に対して、ほぼ天皇には「国王」、北条得宗家には「国主」、御家人《ごけにん》・得宗被官《ひかん》には「臣下」と表現し、民衆に対しては「万民」「人民」などと呼んでいます。

しかし、日蓮から見れば日本国の「国王」であれ「国主」であっても、「転輪聖王《てんりんじょうおう》に対すれば小王」（一三二六頁・一五九八頁）であり「わづかの小島のぬし《主》」（九一一頁・九六二頁）にすぎない存在だったのです。だからこそ、民衆のための政治をしない権力者へは堂々と諫め続けていくという姿勢で一貫していたのです。

政治と宗教を比較する場合、人の不幸の外的要因を取り除くのが政治の役割であり、内的要因を取り除くのが宗教の使命という位置づけができます。内的要因は、自分自身の心のあり方を直視し、信仰による自己変革によって解決が図られていきますが、外的要因の除去は為政者の姿勢次第によって決まるものです。大事なことは、為政者が民衆一人一人の持っている力を最大限に発揮できるような環境を提供していけるかどうかなのです。

日蓮は為政者へも民衆本位の政道を進むべきであることをさまざまな角度から提示しています。結論的にまとめれば、為政者の姿勢のあり方を次の二つにしぼることができます。

一に道義的人格者であること、

二に民衆本位であることです。

一については、

①うそをつかないこと（「王と申すは不妄語《ふもうご》の人」五八七頁・一八四八頁）

②福徳があること（「福徳の王臣」三五二頁・一三二五頁）

③道理にかなうこと（「賢王の世には道理かつべし」一九五頁・五四九頁）

④讒言《ざんげん》にまどわされないこと
（「国主は……諸人の讒言を・をさめて一人の余をすて給う」一五二四頁・八九〇頁）
⑤理を親とし非を敵とすること
（「国主は理を親とし非を敵とすべき」一五二四頁・八九〇頁）
⑥身を滅ぼしても虚事《そらごと》をしないこと
（「賢王となりぬれば・たとひ身をほろぼせどもそら《虚》事せず」一五二九頁・一一三七頁）

二については、
①臣下よりも民衆をたすけよ（「国王は臣下よりも人をたすくる人」九頁・一九六頁）
②民衆のなげきを知れ（「国主と成つて民衆の歎きを知らざる」三六頁・八九頁）
③子細《しさい》を聞け（「国主ならば子細を聞き給うべき」三五七頁・一三三四頁）
④仏法によって人民の心をつかめ
（「仏教のかしこ《賢》きによつて人民の心をくはし《委》くあか《明》せるなり」一四六五頁・一一

二八頁）

⑤万民の手足たれ（「万民の手足為り」一七一頁・四二八頁）

などをあげることができます。

このように具体的に為政者のあるべき姿勢を説いているのは、それだけ政治家の影響力が大きいことを十分に認識していたからなのです。政治の如何《いかん》によって民衆の幸・不幸は大きく左右されます。日蓮の仏法がめざすものも民衆の幸福の一点にあるように、政治がめざすものも同じなのです。だから日蓮の中では政治と宗教の目的は共通していたといえます。

仏教者が政治に関与《かんよ》するのを煙たがる向きがありますが、仏教の精神である智慧と慈悲《じひ》にもとづいて、具体的政策を立案、実行したり、人々のために働くことは非難されるようなことではないのです。慈悲の心を抱いて、弱者の手足となり、弱者に光が当たるようにと慈悲の心で奉仕していく政治家は大いに歓迎され、生活者の視点で、その嘆きを知り子細を聞き、努力している人が報《むく》われる社会を築こうと智慧をしぼる政治家はむしろ必要なのです。

どこまでも現実の地平に立つ日蓮の仏法は、現実が織りなす世間の姿と密接不可分の関係にあります。

「仏法は体のごとし世間はかげのごとし体曲れば影ななめなり」（九九二頁・一七五一頁）というように、仏法を世間の中に体現することの大切さと、誤った仏教に基づく世間の営みはうまくいかないことを教示しています。また「まことの・みち《道》は世間の事法《じほう》にて候」（一五九七頁・一一六二頁）、「智者とは世間の法より外に仏法を行《おこなわ》ず」（一四六六頁・一一二九頁）とあるように、仏法の実践の舞台は、どこまでも現実の世間を離れることはないのです。

したがって日蓮仏法を持つ人が世間の事法の一つである政治の世界で、仏法の精神を具現化《ぐげんか》させていくことは積極的に進められるべきだと思います。

もし非難されることがあるとしたら、それは心の底から民衆を思う菩薩の心を喪失した時です。特に政治の世界は世間の事法の中でも、道義的人格者であり続けること、そして民衆本意の精神を持続することがきわめて困難です。だからこそ常に仏法者の自覚をしっかりと持つことが強く求められるのです。日蓮の座右《ざゆう》の銘《めい》ともいうべき

「身軽法重《しんきょうほうじゅう》」の言葉を借りるなら、仏法を持つ政治家は「身軽民重《しんきょうみんじゅう》」つまり自身は軽く民衆は重いという精神を貫くことが肝要です。

要するに政治家は自身を律するところから始めなければ、真の民衆本位の政治は実現できないことを知るべきでしょう。日蓮の民衆観は「一切衆生の異の苦を受くるは悉《ことごと》く是れ日蓮一人の苦なるべし」（七五八頁・二六六九頁）との一節にあるように、民衆を思う「心」があふれでているのです。日蓮の政治に対する考え方、政治家に求めるあるべき姿をよくかみしめ、民衆のために東奔西走《とうほんせいそう》していけば、政治も政治家ももっと身近な存在として信頼されるようになると確信するものです。

歓苦の人生哲学

人はだれでも大きな苦難に遭遇《そうぐう》します。しかも人生に何度も。だから人生は苦難の連続ともいえます。目の前に立ちはだかる大きな壁、そんな時、人はどう行動するのか。どう行動すれば良いのか。どうすれば乗り越えられるのか。

だれでもが知りたいこの難問に対して、日蓮は多くの示唆《しさ》に富《と》んだ解答を示してくれています。それも体験を通して。そして、その体験は現代人の想像を絶するそびえ立つような大きな壁を乗り越えた体験なのです。

日蓮が遭遇した大きな壁は、常に死と隣り合わせで立ちはだかっていました。しかも、「大難四度」という体験をし、いずれも乗り越えていったのです。ほぼ同時代の法然《ほうねん》も、栄西《えいさい》も、親鸞《しんらん》も、道元《どうげん》も、そして良観《りょうかん》も、いかにその実践や教義に魅力《みりょく》があったとしても、この難題に対する答えを自らの行動で証明した点では、おそらく日蓮の足元にもはるか及ばないでしょう。

鎌倉新仏教の祖師《そし》たちの説いた難解な教義を理解して、その深遠な哲学に感銘《かんめい》を受けたとしても、それが直接生きる指針としてつなげることができる人はまれです。おそらく、鎌倉時代にあっても祖師の説法の内容に触れて師事《しじ》を決意した弟子は多くはいなかったと思います。むしろ、師の人間的な魅力、その生きる姿勢に信を置いて随《ずい》順《じゅん》していった弟子のほうがはるかに多かったはずです。ことに日蓮の師弟のきずなはそういうところでしっかり結ばれていたといえます。この点を軽視して「日蓮」を論じても画竜点睛《がりょうてんせい》を欠く結果になることは明らかです。今までの多くの「日蓮論」はこの大事な観点に十分な考察がなされてこなかった気がしてなりません。

さて、苦難に立ち向かう「日蓮の心」のありようはどうであったのか。

それは一言でいえば「歓苦《かんく》」に尽きると思います。これは私の編み出した表現ではなく、故・田村芳朗《たむらよしろう》東大名誉教授の造語です。

苦を苦として受け入れるのは仏教的な考えとして古くからありますが、日蓮の場合は苦を歓《よろこ》びとして受け入れるという姿勢をとったのです。竜《たつ》の口《くち》の法難という最大の難局《なんきょく》の時に、門下の四条金吾《しじょうきんご》に対して「これほどの悦《よろこ》びをば・わらへかし」（九一四頁・九六七頁）と言い切っています。日蓮にとって世間的な逆境《ぎゃっきょう》は「風の前の塵《ちり》」（一一三二頁・六〇一頁）、「今生の小苦」（一一三七頁・六〇九頁）にすぎず、むしろ「難来るを以て安楽と意得可きなり」（七五〇頁・一六五八頁）という心構えを説いています。苦を苦としてとらえるのではなく「悦びをます」（一一〇三頁・五六〇頁）、「歓喜の中の大歓喜」（七八八頁・一七〇八頁）と転じているのです。さらに自分を迫害してきた幕府の要人や僧侶に対しても、善知識《ぜんちしき》（善き友）ととらえていることは、驚くべき人生観といえるでしょう。

これは一般的な理解をはるかに超えているといえます。しかし、ここで銘記《めいき》しておきたいことは、現代に生きる私たちに対して、苦難に対する心構えの重大なヒントが示されているということです。

普通なら、壁を目の前にしてふさぎ込むか、遠回りをして避けるか、あるいは壁が消えるまでひたすら堪《た》え忍《しの》ぶかでしょう。このような消極姿勢では何の解決にもつながらないことはいうまでもありません。ちょっと前向きに考える人なら、どうすれば越えられるかいろいろ策や方法をめぐらすかも知れません。これは多少は積極的な姿勢がうかがえます。さらに強気に、当たって砕《くだ》けろ式の行動をとる人もいます。とにかくぶつかってみる、という点ではりっぱだといえます。しかし、これで解決するのはなかなかむずかしく、かえって結果を悪くする場合もあるでしょう。いずれにしてもこれらに共通している姿勢は「苦」を嫌い「楽」を求める、つまり苦楽を善悪論で決めつけていることです。

日蓮はそうは考えない。「苦しみ」を「歓び」ととらえるのです。その意味は、例えれば「苦労は買ってでもしろ」に近いところがあって、苦労が人間を作っていく、成長させていくという教訓に通じています。苦はむしろ歓につながるものとして、それに価値を見いだしているのです。

このプラス志向は、「苦」という壁を乗り越えた向こう側にいる自分の成長した姿にまで思いがめぐるのです。だからそこには「歓び」の気持ちさえ芽生《めば》えてくるのです。つまりあえて「苦しい」ことに挑戦していくこと自体が「やりがい」という歓びの気持ちにつながっているのです。

自身の成長した姿に思いを馳《は》せる時、そこに生じる喜びを勇気ある挑戦の姿勢に変えてぶつかる。乗り越えてみせる、絶対に負けない、という強い決意がみなぎってこそぶつかれるのです。

そして、その強い決意を促《うなが》す源泉こそ信仰心なのであり、具体的には日蓮の南無妙法蓮華経の唱題の実践だったのです。題目を唱えることによってふつふつと湧《わ》き上がる勇気は、苦難を前にした言い知れない不安を振り払うには十分な強靭《きょうじん》な生命力となって挑戦への決意を後押しするのです。実に信仰の目的は、逆境にもめげない強い生命力と、自身の成長――それは確かな幸福といってもいい――を実らせていく歓喜の人生を満たすところにあるといえます。

日蓮の体験とその仏法は、ここに焦点が当てられていたのだと思います。そう考えると日蓮の苦難への直接体験つまり法難は、あえて自らその渦中《かちゅう》に飛び込んで、あるいは呼び寄せたものであったという気がしてなりません。

日蓮の「歓苦」はもう一重深い意味を持っています。それは「法華経」の経文の上からとらえる宗教的意義です。この経では、法華経の行者への激しい迫害が打ち続くことをくりかえし説いており、法難に遭《あ》うことが法華経の行者である要件となるのです。だから日蓮は法難に遭うたびに末法《まっぽう》の法華経の行者としての自覚と確信を深めていきます。まさに日蓮の心の中で、「苦」の法難は「歓」の宗教的歓喜と直結していたといえます。

ここに「苦」をありのままの「苦」として受け入れる通途《つうず》の仏教的認識をも超えた「苦」を「歓」ととらえる「日蓮の心」の卓越性があります。歓び勇んで壁に挑め――

これが日蓮の「苦の乗り越え方」といえるでしょう。宗教的な歓喜、それは人生の醍《だい》醐《ご》味《み》をつかむ信仰の目的を示してくれているのです。

ふるまいこそ出世の本懐

仏教では、人間は瞬間瞬間、業《ごう》を刻《きざ》んでいると説いています。この業に三種類あって身口意《しんくい》の三業《さんごう》といいます。行動すれば身業を、言葉に発すれば口業を、心に思えば意業を命に刻んでいきます。この「動く・語る・思う」というのは人間の日常的な営みの基本であり、人間が他の生物にすぐれた特色でもあります。

しかし、現代人はだんだん「動かない・しゃべらない・考えない」という傾向があるようです。

「動かない」――ちょっとそこまでと自動車を使う。階段を昇らないでエレベーターに乗る。体を鍛えるための運動もほとんどしない。

「しゃべらない」――近所の人とつきあうのはおっくうだ。家でも会話がはずまない。パソコンの前にくぎづけで黙々とキーボードを打つ。

「考えない」――テレビの画面を受け身で見続けている。マンガは読むが本はほとんど読まない。

これでは刻まれる業も減る一方で、人間が人間であることをやめようとしているといっても過言ではありません。

人間らしさの喪失、人間性の喪失、こころの喪失と叫ばれて久しいわけですが、今世紀には科学技術はさらに進歩し、便利さを追求するあまり、人間はロボットに「動く」作業を任せ、意思の伝達はメールで「語る」、そしてコンピューターに「考える」仕事は任せるという方向に加速することが十分予想されます。

しかし、所詮《しょせん》そういう社会は科学技術の急速な進歩によってもたらされた「より便利な」生活スタイルの変化であって、人間自身としての進歩はむしろ後退していくといってよいでしょう。

そういう時代だからこそ、人間はより人間らしくあるために、もっと身口意の三業を刻んでいく必要があります。「よく動き、よく語り、よく考える」――自分が自分であるための最も必要な心身のふるまいを存分に発揮していくことが、「科学信仰」隆盛の時代を生き抜く要件なのです。

ある意味で人間は「科学信仰」から「知識」の恩恵《おんけい》を蒙《こうむ》って「便利」というご利益を享受《きょうじゅ》しているといえますが、それは賢くはなっていくものの、人間としてはむしろ弱くなっていくのはまちがいありません。さらに、自分のためという考えが先行し、人のことを思う配慮に欠ける人間を育てることも指摘されています。

どんな時代になろうと人間は社会の中で、他人との関係を断ち切って一人で生きていくことはできません。どんな人であれ、悩みのない一生を送ることはできません。日蓮も「人間に生をうけたる人上下につけてうれへ《憂患》なき人はなけれども時にあたり人人にしたがひて・なげき・しなじな《品品》なり」（九二九頁・一一五六頁）と言いましたが、現代人の悩みはさらに多様化し、深刻化しているといっていいでしょう。

めざましい科学技術の発展する社会だからこそ、ついていくのが精一杯だったり、それに振り回されるような主体性のない生き方にならないためにも、活発に身口意の三業を積んでいくべきなのです。

身口意の三業は、人間の基本的な「ふるまい」ともいえます。日蓮は「ふるまい」について「釈尊の出世の本懐は人の振舞《ふるまい》にて候けるぞ」（一一七四頁・一三九七頁）と、釈迦がこの世に出現した目的は人のふるまいである、というのですが、これはどういう意味なのでしょうか。

この一節の前段を読んでみると、不軽菩薩《ふきょうぼさつ》のふるまいを指していることがわかります。すなわち「一代の肝心《かんじん》は法華経・法華経の修行の肝心は不軽品にて候なり、不軽菩薩の人を敬《うやま》いしは・いかなる事ぞ」（同頁）と。

――釈尊の出世の本懐は法華経であり、その修行の模範は不軽品に説かれている。それは不軽菩薩のふるまいである。不軽菩薩が人を敬ったのにはどういう意義があるのだろうか――

いうまでもなく不軽菩薩は釈迦の過去世の姿です。不軽菩薩の実践は、身口意の三業の上からいえば、身に礼拝行《らいはいぎょう》を、口に二十四文字の法華経を、心に人を敬うふるまいを徹底して貫き通したのです。不軽菩薩はどんな人でも軽《かろ》んじない、尊敬していく、人のために尽くしていく、そのために身口意をフルに使う、そういう実践の人だったのです。不軽菩薩はこのふるまいによって、迫害を受け、受けることによって宿業《しゅくごう》を転換し、寿命《じゅみょう》も延ばしていきます。それぞれ不軽品では「刀杖《とうじょう》の難」「其罪畢已《ございひっち》」（其の罪畢《お》え已《おわ》って）「更増寿命《きょうぞうじゅみょう》」とあります。

迫害を受けても怨《うら》まない、それはどんな人でも仏性《ぶっしょう》を持っているからそれに気づき引き出してもらいたいと、それこそ会う人会う人ごとに、全力で菩薩の身口意の実践を貫いたのです。

このようにふるまいそのものの中に生きる目的がある、ふるまいがそのまま目的になるのが菩薩なのです。菩薩を船頭《せんどう》に例えることがありますが、人々を不幸の此岸《しがん》から幸福の彼岸へ渡す船頭（菩薩）は、渡る人がいるかぎり自分はけっして船を降りないし、彼岸へはいかず、また此岸へもどってきます。人々を渡すこと（利他行《りたぎょう》）自体が菩薩の仕事、つまり人生の目的（出世の本懐）ととらえるのです。

日蓮が「出世の本懐は人のふるまい」と言った意味はここにあるのです。

人のための行動（身）、まごころの対話（口）、相手への思いやり（意）、このような生き方で人々を魅了《みりょう》してやまない日蓮の「ふるまい」は、現代に生きる私たちにとって最も大切な生きる意味、生きる目的を示してくれているといえるでしょう。

引用文御書頁順索引

引用文御書頁順索引

〈著者略歴〉

小林正博（こばやし・まさひろ）

1951年、東京生まれ　学習院大学法学部卒
立正大学仏教学部宗学科卒　同大学院修士課程修了
同博士課程単位取得　博士（文学）

専攻　日本仏教史　日蓮学

現在　東洋哲学研究所主任研究員　創価大学非常勤講師　東京富士美術館評議員
一般社団法人古文書解読検定協会代表理事

著書に『宗門問題を考える』『日蓮大聖人の「御書」をよむ（上）法門編』
『日本仏教の歩み』『図表で読む日蓮遺文』『日蓮の真筆文書をよむ』

共著に『御書と鎌倉時代（上下）』『友人葬を考える』
『カトリックと創価学会』『日蓮大聖人の思想と生涯』『日蓮大聖人年譜』
『生活に生きる故事・説話——日蓮の例話に学ぶ（インド編、中国・日本編）』

監修に『日蓮大聖人ゆかりの地を歩く』

解読・解説に『日蓮大聖人御傳記』などがある

日蓮《にちれん》の真実《しんじつ》　混迷《こんめい》する現代《げんだい》の闇《やみ》を開《ひら》く鍵《かぎ》

2003年2月11日　初版第1刷発行
2019年1月2日　初版第6刷発行

著　者　小林正博《こばやしまさひろ》
発行者　大島光明
発行所　株式会社　第三文明社
東京都新宿区新宿1-23-5　郵便番号　160-0022
電話番号　営業代表　03(5269)7144
注文専用　03(5269)7145
編集代表　03(5269)7154
振替口座　00150-3-117823
URL　http://www.daisanbunmei.co.jp
印刷所　明和印刷株式会社
製本所　株式会社 星共社

ISBN978-4-476-06186-4